上海市学位办法律硕士专业学位
实践基地建设项目资助出版

行政诉讼实务教程

ADMINISTRATIVE LITIGATION PRACTICE TUTORIAL

邓刚宏 / 主编

華東理工大學出版社
EAST CHINA UNIVERSITY OF SCIENCE AND TECHNOLOGY PRESS
·上海·

图书在版编目(CIP)数据

行政诉讼实务教程/邓刚宏主编．—上海：华东理工大学出版社，2014.9

(法律实务教程丛书)

ISBN 978-7-5628-4002-2

Ⅰ.①行…　Ⅱ.①邓…　Ⅲ.①行政诉讼法—中国—高等学校—教材　Ⅳ.①D925.3

中国版本图书馆 CIP 数据核字(2014)第 182952 号

法律实务教程丛书

行政诉讼实务教程

主　　编 / 邓刚宏
责任编辑 / 高　虹
责任校对 / 金慧娟
封面设计 / 裘幼华
出版发行 / 华东理工大学出版社有限公司
　　地　　址：上海市梅陇路 130 号，200237
　　电　　话：(021)64250306(营销部)
　　　　　　　(021)64253797(编辑室)
　　传　　真：(021)64252707
　　网　　址：press.ecust.edu.cn
印　　刷 / 常熟华顺印刷有限公司
开　　本 / 890 mm×1 240 mm　1/32
印　　张 / 6.5
字　　数 / 183 千字
版　　次 / 2014 年 9 月第 1 版
印　　次 / 2014 年 9 月第 1 次
书　　号 / ISBN 978-7-5628-4002-2
定　　价 / 30.00 元

联系我们：电子邮箱 press@ecust.edu.cn
　　　　　官方微博 e.weibo.com/ecustpress
　　　　　淘宝官网 http://shop61951206.taobao.com

華東理工大學出版社
扫描进入手机淘宝网店

内容提要

本书围绕行政诉讼中的基本概念、基本理论、法律梳理、实务技巧、审判实例展开，对行政审判中的受案范围、诉讼请求、诉讼管辖、审理对象、证据规则、诉讼程序、判决体系以及诉讼技巧等核心问题做了全面的剖析。因此，本书不仅可以作为法律硕士专业学位行政诉讼实践教学用书，也可以作为公众了解行政诉讼法律知识、律师办案的参考书目。

总　序

华东理工大学法学院是依托学校理工优势学科、以文理交叉为特色的新型学院，2010年获得了法律硕士专业学位授予权。对法律硕士专业学位与法学科学学位研究生培养最大的区别是专业学位的培养更注重法律实践教学环节，而一套好的教材是保障法律实践教学效果的重要基础。在上海市专业学位办的支持下，2013年我院获批了与虹口区人民法院共建法律硕士专业学位实践基地建设项目，这为我院组织教师编写一套法律专业学位实践教材提供了机会。本套丛书是我院近几年法律专业实践教学经验的总结。作为一项探索性事业，不免存有瑕疵，但是，我们还是相信，丛书的出版将为提高我院法律硕士专业学位研究生实践教学质量发挥其应有的作用。

本丛书紧紧围绕我院法律专业学位研究生培养目标编写。我院法律专业学位实践教学旨在培养学生的综合职业能力，即法律知识能力、职业思维能力和驾驭法律信息资源的能力，强调法律知识与专业技巧的紧密结合，致力于增强学生应用法律知识解决实际问题的能力。培养目标从纵向来看，主要包括具备法学专业感性知识、法律专业的基本技能以及法律实践的创新能力。从横向来看，其要素包括法律思维能力、法律表达能力和对法律事实的探索能力。其中，法律思维能力包含能准确掌握法律概念、具有法律推理能力以及对法律裁决或法律意见进行论证的能力；法律表达能力包括口头表达能力和文字表达能力，以及对特定事实或问题表达法律意见的能力；对法律事实的探索能力，即学生调查、搜集、制作、组合、分析、认证法律事实的能力。

本丛书的编写根据读者由浅入深的认知规律，围绕基本概念、基本理论、法律梳理、案例分析、实务技巧展开。因此，本丛书也可以作为公众了解法律知识、律师办案的参考书目。

本丛书的最大特点是与实践紧密结合。我们在编写过程中，始终牢记编写目标，体例、内容等方面的编排尽可能为编写目标服务。至于效果，有待实践教学的检验以及同行们的审视、批评、指导。

在丛书出版之际，要特别感谢上海市专业学位办的大力支持。华东理工大学研究生院林嘉平副院长、管理办刘殿华主任、专业学位办苏娜老师为本丛书的出版给予了无私的支持与帮助，在此一并表示感谢！

邓刚宏

2014 年 7 月

前　　言

行政诉讼脱胎于民事诉讼，但是，其地位在学生的认知思维体系中却不如刑事诉讼和民事诉讼。其中的缘由是多方面的，行政审判的大环境是一个重要原因，“立案难、审判难、执行难”阻挡了学生们对行政诉讼法的学习和研究兴趣。另外，当下行政诉讼教程的编排体系严重与实践脱钩，这也是一个重要原因。因此，编写一本既能反映行政诉讼基本理论，也与行政诉讼实践紧密结合的实务型教材，是我从事行政诉讼法教学与研究以来的一个愿望。由上海市专业学位办立项的我院法律专业学位实践基地建设项目给了我实现此愿望的机会。在编写本书的过程中，我力求实现两个目标：

一是让读者系统掌握行政诉讼的基本理论。本书围绕行政诉讼中的基本概念、基本理论、法律梳理、审判实例展开，尽可能避免抽象的说教，力求法学原理与法律规范分析的统一。

二是让读者系统了解行政诉讼中的实务技巧。实践是法学教学的灵魂，本书对行政诉讼中的受案范围、诉讼请求、诉讼管辖、审理对象、证据规则、诉讼程序等方面的诉讼技巧以及要注意的核心问题做了全面的剖析。

本书在编写过程中，阅读了许多律师发表在网络上的办案体会，对其中的精华予以了吸收。

本书不仅可以作为法律硕士专业学位行政诉讼实践教学用书，也可以作为公众了解行政诉讼法律知识、律师办理行政案件的参考书目。

邓刚宏

2014 年 6 月

目　录

第一章　行政诉讼概述 …………………………………（1）
一、律师如何科学理解行政诉讼程序的特点………………（1）
（一）司法审查权 ……………………………………（1）
（二）当事人双方是“官”与“民” …………………（1）
（三）案件争议的对象是行政争议 ……………………（2）
（四）审理对象是具体行政行为的合法性 ……………（2）
（五）行政诉讼由被告对具体行政行为的合法性承担举证责任 …（2）
（六）禁止调解原则 …………………………………（2）
二、我国关于行政诉讼程序的相关规定……………………（3）
（一）行政诉讼起诉和受理……………………………（3）
（二）行政诉讼第一审程序……………………………（5）
（三）行政诉讼第二审程序……………………………（6）
（四）审判监督程序 …………………………………（6）
三、律师在行政诉讼程序中需要注意的问题………………（7）
（一）准确选择时机，正确运用诉权 …………………（7）
（二）律师要善于利用行政诉讼的举证责任规则 ………（9）
（三）律师要善于运用行政诉讼对具体行政行为的合法性进行审查原则 ……………………………………（10）
（四）律师应善于运用具体行政行为的暂缓执行问题 …………（12）
（五）律师在行政诉讼中应善于运用适当的协调 ………（13）

第二章　行政诉讼的起诉与受理 ……………………（15）
一、律师如何理解行政诉讼的起诉与受理…………………（15）

二、我国关于行政诉讼起诉与受理的相关规定 …………… (17)
(一) 起诉的条件 …………………………………………… (18)
(二) 起诉与行政复议 ……………………………………… (18)
(三) 起诉与诉讼时效 ……………………………………… (18)
(四) 人民法院决定受理的期限 …………………………… (20)
(五) 不予受理的情形 ……………………………………… (20)
(六) 其他情况的处理 ……………………………………… (21)
三、律师在行政诉讼起诉与受理中需要注意的问题 ……… (23)
(一) 要注意原告是否具有主体资格 ……………………… (23)
(二) 确定行政诉讼被告要注意的情形 …………………… (26)
(三) 要注意行政诉讼请求的设计 ………………………… (26)
(四) 要注意行政诉讼的起诉与复议的关系 ……………… (27)
(五) 律师要注意当事人是否在起诉期限内 ……………… (28)
(六) 律师要注意行政诉讼起诉期限的顺延问题 ………… (28)

第三章 行政诉讼管辖 ………………………………………… (30)
一、律师如何科学理解行政诉讼管辖 ……………………… (30)
二、我国关于行政诉讼管辖的相关规定 …………………… (31)
(一) 级别管辖的相关规定 ………………………………… (32)
(二) 地域管辖的相关规定 ………………………………… (33)
(三) 移送管辖的相关规定 ………………………………… (36)
(四) 指定管辖的相关规定 ………………………………… (37)
(五) 移转管辖的相关规定 ………………………………… (37)
三、律师在行政诉讼管辖中需要注意的问题 ……………… (38)
(一) 律师应当明确区分移送管辖、指定管辖和管辖权的转移 ………………………………………………………… (38)
(二) 律师要善于利用管辖权异议 ………………………… (39)
(三) 律师应当选择一个利于当事人的法院来管辖 ……… (40)

第四章　行政诉讼受案范围 …………………………（42）
一、律师如何理解行政诉讼受案范围 …………………（42）
（一）律师如何理解影响受案范围的因素 ……………（42）
（二）律师在司法实践中对受案范围的理解……………（45）
二、我国行政诉讼受案范围的具体规定 ………………（45）
（一）概括式规定 ……………………………………（45）
（二）列举式规定 ……………………………………（46）
（三）排除式规定 ……………………………………（50）
三、律师在行政诉讼受案范围中要注意的问题 ………（53）
（一）注意具体行政行为与抽象行政行为的区分 ……（53）
（二）律师应当准确地把握可诉性行为的主体范围 …（55）
（三）律师必须准确地把握行政行为的内涵和外延 …（55）
（四）科学理解人身权、财产权之外的行政行为 ……（56）
（五）律师应科学把握行政诉讼受案范围的判定标准 …（58）

第五章　行政诉讼参加人 ……………………………（61）
一、律师如何科学理解诉讼参加人问题 ………………（61）
二、我国对于行政诉讼参加人的立法规定 ……………（62）
（一）原告…………………………………………………（62）
（二）被告…………………………………………………（63）
（三）共同诉讼人与第三人………………………………（63）
（四）诉讼代理人 ………………………………………（65）
三、律师确定行政诉讼参加人要注意的问题 …………（66）
（一）律师确定原告要注意的问题 ……………………（66）
（二）律师确定被告资格应注意的问题 ………………（70）
（三）律师对于共同诉讼人确定问题的理解……………（73）
（四）律师对于第三人确定问题的理解 ………………（74）
（五）律师对于诉讼代理人问题的理解 ………………（80）

第六章 行政诉讼证据 …………………………………… (82)
一、律师如何理解行政诉讼证据 ………………………… (82)
二、我国行政诉讼证据的相关规定 ……………………… (86)
(一) 举证责任的分配 …………………………………… (86)
(二) 举证时限的规定 …………………………………… (89)
(三) 行政诉讼中调查取证的规定 ……………………… (89)
三、律师在行政诉讼取证中要注意的问题 ……………… (91)
(一) 律师应熟练掌握行政诉讼证据规则 ……………… (91)
(二) 律师在取证时应注意的问题 ……………………… (93)

第七章 行政诉讼法律适用 ………………………………… (98)
一、律师如何理解行政诉讼法律适用 …………………… (98)
二、《行政诉讼法》的具体规定 ………………………… (98)
(一) 以法律和行政法规、地方性法规为依据 ………… (98)
(二) 参照规章以下规范性文件 ………………………… (99)
三、律师在行政诉讼法律适用中应注意的问题 ………… (100)
(一) 科学判断一个规范性文件是法律、法规还是规章 ……… (100)
(二) 行政法规的法律适用问题 ………………………… (101)
(三) 地方性法规的法律适用问题 ……………………… (101)
(四) 规章的法律适用问题 ……………………………… (102)
(五) 正确认定行政法律、法规的溯及力 ……………… (103)
(六) 认真鉴别法律、法规以外的一般性规范文件 …… (104)
(七) 慎重适用行政冲突规范 …………………………… (104)

第八章 行政诉讼审理程序 ………………………………… (106)
一、律师如何理解行政诉讼的审理程序 ………………… (106)
(一) 第一审程序 ………………………………………… (106)
(二) 第二审程序 ………………………………………… (106)

（三）再审程序 …………………………………………… (109)
二、我国行政诉讼审理程序的具体规定 ……………………… (110)
（一）第一审程序的具体规定 ………………………………… (110)
（二）第二审程序的具体规定 ………………………………… (113)
（三）再审程序的具体规定 …………………………………… (114)
三、律师在行政诉讼审理程序中要注意的问题 ……………… (119)
（一）代理律师出庭准备要注意的问题 ……………………… (119)
（二）法庭辩论的角度与技巧 ………………………………… (131)

第九章 行政诉讼判决、裁定与决定 ……………………… (136)
一、律师如何理解行政诉讼的判决、裁定与决定 …………… (136)
（一）行政诉讼的判决 ………………………………………… (136)
（二）行政诉讼的裁定 ………………………………………… (137)
（三）行政诉讼的决定 ………………………………………… (137)
二、我国行政诉讼的判决、裁定与决定的具体规定 ………… (137)
（一）判决的相关规定 ………………………………………… (137)
（二）裁定的具体规定 ………………………………………… (143)
（三）决定的具体规定 ………………………………………… (143)
三、律师在行政诉讼的判决、裁定与决定中要注意的问题
…………………………………………………………………… (143)
（一）律师应当注意行政诉讼请求的设计 …………………… (143)
（二）依行政行为效力择判原则的适用 ……………………… (145)

第十章 行政诉讼执行程序 ……………………………… (151)
一、律师如何理解行政诉讼的执行程序 ……………………… (151)
二、我国关于行政诉讼执行程序的相关规定 ………………… (152)
（一）执行主体 ………………………………………………… (152)
（二）执行开始 ………………………………………………… (152)

（三）执行措施 …………………………………………………（152）
（四）对行政机关拒绝履行义务的执行 ………………………（153）
（五）人民法院执行行政决定的程序 …………………………（154）
（六）申请执行的期限 …………………………………………（155）
（七）执行管辖 …………………………………………………（155）
（八）执行机构和执行期限……………………………………（155）
三、律师在行政诉讼执行程序中应该注意的问题…………（156）
（一）调查了解有关事实 ………………………………………（156）
（二）准确确定被执行人 ………………………………………（157）
（三）明确受案法院 ……………………………………………（157）
（四）提出执行申请 ……………………………………………（158）

案例实录 ………………………………………………………（160）

参考文献 ………………………………………………………（190）

第一章　行政诉讼概述

一、律师如何科学理解行政诉讼程序的特点

行政诉讼，作为一种诉讼形式，有其独立的特点以区别于其他的司法活动或者准司法活动。

（一）司法审查权

行政诉讼是一种司法活动，是由国家独立的司法机关——人民法院主持进行的。这一特征使其与行政复议、行政申诉、调解、和解等程序相区别。行政诉讼的特点是程序规范、严谨；由精通法律并独立于行政机关的司法人员作出，符合公平正义的理念和法治原则的要求。行政诉讼的内容具有司法监督行政的性质。行政诉讼关系到国家行政权力的行使，其所解决的行政纠纷是在国家行政管理活动中发生的，因而带有司法干预行政的性质，这一特征也将决定和影响行政诉讼程序、制度的各个方面。

（二）当事人双方是“官”与“民”

在行政诉讼中，作为原告的公民、法人或者其他组织与作为被告的国家行政机关之间往往有一种行政隶属或者行政管理关系，行政机关与公民的地位不平等，这与民事关系显然不同。因此，行政机关不能成为原告，只能成为被告。从行政法的角度看，双方是管理者与被管理者之间的关系，行政机关的权力与公民的权利是不平等的，这与主体间平等的民事诉讼显然不同。即使强调行政诉讼法律关系中主体地位的平等，这种实体法律关系即行政法关系的不平等仍然是客观存在的。因此，管理者与管理相对人之间的这种诉讼，即形成所谓“民告官”的诉讼，也就决定了当事人双方在诉讼中权利的不同，如行政机关对其管理相对人有命令权、强制权。正因

为行政主体在行政程序中的强势地位，因此，为了实现平衡，行政诉讼立法更倾向居于弱势地位的相对人一方。

（三）案件争议的对象是行政争议

行政诉讼是因为行政机关行使行政管理职权而引起的诉讼。行政案件的内容是双方当事人争议的行政权利义务关系，案件争议的是国家行政权力是否得到正确行使的问题。行政案件是由于行政机关在依法行使其行政管理职权时，相对人表示不服，或者行政机关所作的具体行政行为确有违法、不当之处，侵犯了当事人的合法权益而引起争议的案件。不是由于行政机关行使行政管理职权而发生的诉讼，就不是行政诉讼，如行政机关以平等的民事主体的身份与他人发生的诉讼，或者行政机关以行政隶属关系为基础对自身财物或者人员进行管理而发生的纠纷等，都不是行政诉讼。

（四）审理对象是具体行政行为的合法性

《中华人民共和国行政诉讼法》（以下简称《行政诉讼法》）第五条规定："人民法院审理行政案件，对具体行政行为是否合法进行审查。"其含义是指人民法院对于行政机关作出的具体行政行为拥有司法审查权，包括受理、审理和裁判的权力；审查的内容主要是具体行政行为的合法性问题，而不是适当性问题。

（五）行政诉讼由被告对具体行政行为的合法性承担举证责任

举证责任是指原、被告等当事人之间发生争议的事实，在没有证据或证据不足以证明的情况下，由谁承担败诉责任。承担责任的当事人首先负有提供证据的责任。在通常情况下，举证责任由行政机关负担，在特殊情形下或根据法律规定，原告也负有少量的举证责任。因此，举证责任的倒置是行政诉讼基本证据规则的特色。

（六）禁止调解原则

我国《行政诉讼法》第五十条、第六十七条规定，人民法院除审理行政赔偿案件外，不适用调解。在现行法律未修改之前，行政案件不适用调解当是法官们应遵循的原则。行政诉讼不接受调解，主要原因是：①公权所具有的不可处分性。认为国家行政机关及其工作人员进行行政管理活动，作出具体的行政行为，是国家意志的行为，是代理国家履行职责。因此，行政权属于国家公权力，行政机关不得自行处分，法院不得居间调解。行政诉讼的被告是国家行政机关，行政管理活动是行政机关依法进行的，行政诉讼双方当事人的权利义务，是由法律规定的，不能转让、放弃和处分。②这是由行政诉讼的目的所决定的。人民法院审理行政案件的目的，在于确认具体行政行为是否合法。合法者予以维护，不合法者予以撤销，在合法与不合法之间不存在中间状态，无调解之余地，人民法院要根据事实和法律依法审查确认行政机关所作的具体行政行为是否合法适当，并作出判决。

二、我国关于行政诉讼程序的相关规定

（一）行政诉讼起诉和受理

1. 起诉

（1）起诉的条件。①原告是认为具体行政行为侵犯其合法权益的公民、法人或者其他组织。②必须有明确的被告。即起诉须明确指出实施具体行政行为的行政机关或者法律、法规授权的组织。③有具体的诉讼请求和事实根据。即起诉必须有明确具体的请求以及提出这些请求的事实根据，包括案件事实和证据。④属于人民法院受案范围和受诉人民法院管辖。⑤法律、法规规定应先向行政机关申请复议的案件，必须先经过复议程序。⑥必须在法定期限内向人民法院起诉。

我国法律规定的起诉期限主要有以下几种：

不必经过复议的案件，原告直接向人民法院起诉。具体法律、法规如没有规定起诉期限，应在知道具体行政行为之日起三个月内提出；具体法律法规如规定了起诉期限，应在该期限内起诉；行政机关在作出具体行政行为时，未告知公民、法人或者其他组织诉权或者起诉期限的，起诉期限从公民、法人或者其他组织知道或者应当

知道诉权或者起诉期限之日起计算，但从知道或者应当知道具体行政行为内容之日起最长不得超过二年；公民、法人或者其他组织不知道行政机关作出的具体行政行为内容的，其起诉期限从知道或者应当知道该具体行政行为内容之日起计算。对涉及不动产的具体行政行为从作出之日起超过二十年、其他具体行政行为从作出之日起超过五年提起诉讼的，人民法院不予受理。经过行政复议再起诉的案件，具体法律、法规如没有规定对复议不服的起诉期限，原告可在收到复议决定书之日起十五日内起诉；具体法律、法规规定了对复议决定不服的起诉期限，依照具体法律、法规规定起诉。对于上述法定期限，如果当事人因不可抗力或其他特殊情况而耽误，在障碍消除后十日内，可申请延长期限，是否准许，由人民法院决定。

(2) 起诉的方式。根据我国《行政诉讼法》的规定，起诉应以书面形式进行，即应书写起诉状，才能引起行政诉讼程序的开始。起诉状的主要内容包括：①当事人的情况。原告的姓名、性别、年龄、民族、职业、住址。原告是法人或组织的，要写明名称、住址、法定代表人(代表人)的情况。与原告相对应，还要写明被告行政机关的全称、地址、法定代表人的情况。②诉讼请求及所根据的事实和理由。③证据和证据来源，证人姓名与住址。此外，起诉状还要写明接受起诉状的人民法院名称和起诉的具体日期，并由原告签名盖章。起诉状所载事实若有欠缺，人民法院可要求起诉人限期补正。

2. 受理

受理是指人民法院对公民、法人或其他组织的起诉进行审查，认为符合法律规定的起诉条件而决定立案审理的诉讼行为。起诉是受理的前提，但受理并非起诉的必然结果。是否受理，是人民法院依据国家审判权对起诉行为进行审查的单方面行为的结果。人民法院收到原告的起诉状后，应予以审查。审查的内容包括：①起诉是否符合法定条件；②起诉是否符合法定起诉程序，即审查行政复议是否必经程序；③是否重复起诉；④起诉手续是否完备，起诉状内容是否明确。

经过审查，人民法院可作如下处理：

(1) 决定受理。对符合受理条件的，人民法院应在接到起诉状之日起七日内立案,并及时通知当事人。

(2) 认为所接受的案件有欠缺或基本证据不足的,要求当事人补正。补正后符合受理条件的,从当事人补正后交人民法院之日起七日内立案,当事人无法补正或逾期不补正,因而不符合受理条件的,在七日内裁定,通知原告不予受理。

(3) 人民法院认为起诉不符合受理条件的,在接到起诉状之日起七日内作出裁定不予受理。原告对不予受理裁定不服的,可以提起上诉。人民法院在七日内不能决定是否受理的,应当先予受理;受理后经审查不符合起诉条件的,裁定驳回起诉。

(二) 行政诉讼第一审程序

行政案件的第一审程序是指一审法院对行政案件进行审理应适用的程序,包括审理前的准备、开庭审理、合议庭评议和判决等阶段。

审理前的准备工作主要有:①人民法院应在立案之日起五日内将起诉状副本发送被告。被告应在收到起诉状副本之日起十日内向人民法院提交作出具体行政行为的有关材料,并提出答辩状,人民法院应在收到答辩状之日起五日内将答辩状副本发送原告。②将开庭的时间、地点通知当事人和其他诉讼参与人。③应公开审理的案件,公告当事人姓名、案由和开庭时间、地点。

法庭审理开始阶段的工作包括:书记员查明当事人及其他诉讼参与人是否到庭并报告审判长;审判长核对当事人、宣布案由,宣布审判人员、书记员名单,告知当事人诉讼权利和义务,并询问是否申请回避。

法庭审理过程一般按下列顺序进行:按原告、被告、第三人的顺序陈述行政争议;举证、质证;辩论;当事人最后陈述等。

合议庭评议是在上述审理基础上,合议庭人员进行评议,对如何判决提出各自的观点,达成一致意见后,报院长审批。合议庭评议应不公开进行,实行少数服从多数的原则,有不同意见应允许保留并记入笔录。

判决是指人民法院对行政案件经过上述审理及合议庭评议后,

以事实为根据、以法律为准绳进行裁判的行为。

人民法院宣告判决，应一律公开进行。宣判时，应告知当事人享有的上诉权利以及上诉期限和上诉法院。

在第一审程序中应注意：①审判应组织合议庭，可由审判员或审判员、陪审员组成，其成员应当是三人以上的单数；②应开庭审理的不能书面审理；③审结期限为立案之日起三个月内，如有特殊情况需延长的，由高级人民法院批准，高级人民法院审理第一审案件需要延长的，由最高人民法院批准。

（三）行政诉讼第二审程序

第二审程序又称上诉审程序，是指上级人民法院对下级人民法院就第一审案件所作的判决、裁定，在发生法律效力以前，基于当事人的上诉，依据事实和法律，对案件进行审理的程序。其特点主要是：第二审程序由当事人上诉而引起，该程序由第一审人民法院的上一级人民法院适用，二审法院作出的判决、裁定是终审判决、裁定。

在第二审程序中应注意：①第二审程序是独立的审判程序，但并非每一个行政诉讼案件都必须经过这一程序。②第二审程序既可适用开庭审理，也可适用书面审理。适用书面审理的条件是该上诉案件事实清楚。③审结期限，人民法院应在收到上诉状之日起两个月内作出终审判决，有特殊情况需要延长的，由高级人民法院批准，高级人民法院审理上诉案件需要延长的，由最高人民法院批准。

（四）审判监督程序

审判监督程序又称再审程序，是人民法院对已经发生法律效力的判决、裁定，发现违反法律、法规的规定，依法再次审理的程序。

提起审判监督程序的条件是：①必须具有法定理由，即发现已发生法律效力的判决、裁定违反法律、法规；②必须由享有审判监督权的组织或专职人员提出，即上级人民法院、人民检察院或者本级人民法院院长。

提起再审的程序有三种情况：①原审人民法院院长提起的，必须报经审判委员会决定；②上级人民法院提起的，可以自己审理，也可指令下级人民法院再审；③人民检察院抗诉的，人民法院必须进行再审。

再审案件适用的程序根据案件原来的审级不同而不同：已经生效的裁判，原来是第一审人民法院作出的，再审时按照第一审程序审理，所作裁判当事人不服可以上诉；原来是第二审人民法院作出的，再审时按照第二审程序审理，最高人民法院或上级人民法院提审的案件，也按照第二审程序审理，二审法院作出的裁判为终审裁判，不得上诉。

三、律师在行政诉讼程序中需要注意的问题

（一）准确选择时机，正确运用诉权

行政诉讼程序的开始，是以原告人起诉为标志的，然而律师代理原告参加行政诉讼往往并非行政诉讼开始后才介入案件的，这一点与被告代理律师介入行政诉讼的时间不同，多数行政诉讼案件的原告代理工作是在原告起诉前就已经介入，即行政机关作出具体行政行为后，那些认为该具体行政行为侵犯了自身合法权益的公民、法人或者其他组织不服行政机关的决定时便开始委托律师。因此，原告代理律师提前介入诉讼时除应严格掌握法律、法规规定向法院起诉的时间外，还应注意以下两个问题：

其一，是否需要诉讼。它包括三个方面的内容：①法律、法规规定复议为必经程序的案件不能直接向法院起诉的，原告代理律师应指导当事人在规定的时间内向上级行政机关申请复议，否则逾期原告将丧失诉权。例如，被裁决受治安处罚的人或者被害人，不服公安机关或者乡（镇）人民政府的裁决的，在接到通知后五日内，可以向上一级公安机关申诉，上一级公安机关在接到申诉后五日内作出裁决；不服上一级公安机关裁决的，可以在接到通知后五日内向当地人民法院起诉。在上类案件中，有的经行政复议程序即可使行政争议圆满解决，就没有必要起诉。只有在对上级行政机关的复议不服时，法律才允许起诉。②法律、法规规定上级行政机关最终裁决

的案件不能再向法院起诉，如《公民出入境管理法》规定，受拘留处罚的公民对处罚不服的，在接到通知之日起十五日内，可以向上一级公安机关提出申诉，由上一级公安机关作出最后裁决，也可以直接向当地人民法院起诉。《外国人入境出境管理法》也作了类似规定，上述这类法律、法规规定的程序，相对人如果选择了复议程序则不能再向法院起诉，因此，作为原告代理律师在介入案件后或起诉前必须与当事人共同确定是走诉讼程序还是走复议程序，两者只能选择其一。③对原告无理、不能胜诉的案件，代理律师应说服原告放弃诉讼请求。

其二，什么时间提起诉讼，代理律师应帮助原告掌握好时机。它包括两方面的内容：①对于复议为必经程序的案件，代理律师应严格遵从提出复议的时间和复议后的起诉时间的规定。如果没有在规定的时间内提出复议申请或申诉，事后再向法院起诉，法院将不再受理。如果对复议后起诉时间掌握不好，逾期没有起诉，原告也丧失了诉权。②对于可以不经复议程序直接起诉的行政复议如何确定起诉时机，则应根据案件具体情况，分别采取先申请复议或直接起诉两种做法。有的行政案件虽然是由下级行政机关作出的，但上级行政机关已提前介入，即使复议，也效果不佳，因此，应当放弃复议申请而直接起诉。如某冷饮厂因违反食品卫生法的规定被某防疫站罚款 1 000 元的处罚决定是经人民政府批准的，为尽快解决问题，申请复议已没有意义，因此，选择直接起诉为宜。还有的行政争议虽然法律规定可直接向法院起诉，但考虑到复议审理时间较短、程序较为简单的特点，可以会同当事人先选择复议程序，尤其现阶段一些行政机关碍于面子宁愿在复议中变更或撤销自己的行政行为也不愿在行政诉讼中败诉。因此，先选择复议审理程序，可收到明显的效果。

其三，代理原告诉讼的律师要重视起诉时效。行政诉讼中的起诉时效问题对于我国目前条件下的行政相对人来说，要正确了解和掌握并不是件容易事。因此，代理原告诉讼的律师要想在行政诉讼中胜诉，首先就应当协助原告正确把握行政诉讼的起诉时效。按照法律规定，在不同的情况下，起诉时效是不同的：第一，按照《行政诉讼法》第三十九条规定，除法律另有规定的外，当事人可以在应当知道作出具体行政行为之日起三个月内，直接提起诉讼。超过了三个月，起诉时效就丧失。这里以当事人应当知道作出具体行政行为之日作为起诉时效的起点。至于行政相对人实际上是否知道并不影响起诉时效的计算。因此，对于委托人可以直接起诉的，代理原告诉讼的律师要根据有关情况，认真核查委托人应当知道与否，这是正确掌握起诉时效所不可忽视的。第二，在不同的法规制度中，诉讼时效是不同的，如我国颁布的《矿产资源法》《食品卫生法》《药品管理法》《计量法》《商标法》等，规定的是在十五日内；《土地管理法》《渔业法》《海关法》等，规定的是在三十日内；《森林法》等规定的是在一个月内。代理原告诉讼的律师要按照有关法律法规的不同规定，掌握可以直接起诉的不同具体行政行为的起诉时效。第三，《行政诉讼法》第三十七条规定，法律法规规定应当先向行政机关申请复议的，当事人不得直接起诉，只有在申请复议后不服复议裁定才可以起诉。这就要求代理原告诉讼的律师，要正确掌握行政复议的时间和不服复议的起诉时效。

（二）律师要善于利用行政诉讼的举证责任规则

所谓举证责任，就是当事人对案件事实提供证明义务。根据负担公平的原则，我国《行政诉讼法》第三十二条作出了被告对作出的具体行政行为负有举证责任的规定。尽管在立法上没有规定原告应负的举证责任，但是，由于举证责任往往与败诉风险紧密相连，因此在司法实践中如果原告能积极主动承担举证责任，将对自己的诉讼主张的实现起到推进作用。为此代理律师应在举证问题上帮助当事人把好两个关口，一是本证与反证的运用，二是证据保全问题。凡原告要求行政机关履行一定职责，而行政机关拖延不办的案件，原告代理律师应郑重帮助原告提供本证。如原告在向人民法院诉请判令被告行政机关发给许可证或营业执照的同时，应提交法律规定原告已具备条件的证据，从而证明行政机关拖延不为一定行政行为的违法性，这些证据均是积极支持原告诉讼主张的证据，称为本证。凡原告请求人民法院撤销或变更行政机关旨在剥夺原告某些权利或课加义务的案件中，除被告行政机关向法院提交赖以支持自己的具体行政行为的本证材料外，原告代理律师则应着重运用反证来证明被告的具体行政行为的违法性。具体应注意以下两点：①当被告行政机关提供原告具有违法事实的本证时，原告代理律师则应从该本证的客观性、关联性和合法性的证据特征中提出反证予以反驳。②当被告向法院提供自己作出行政行为所依据的规范性文件时，原告代理律师应从该规范性文件的适用范围、是否失效以及合法与否等方面提出反证。反证旨在证明被告行政机关适用法律的错误。此外，原告代理律师使用本证的情况还有许多，如证明被告行政机关是否超越职权问题、证明行政行为是否合理或显失公正问题等。

（三）律师要善于运用行政诉讼对具体行政行为的合法性进行审查原则

一般来说，对具体行政行为的合法性进行审查原则的具体内容如下：

一是人民法院审理行政案件，只对具体行政行为进行审查，一般不审查抽象行政行为。具体行政行为，是指行政机关行使行政职权，针对特定的公民、法人或者其他组织作出的有关其权利义务的单方行为。抽象行政行为，是指国家行政机关在进行行政管理时，制定抽象的具有普遍约束力的规范，不对具体事件进行处理的行为。人民法院审理行政案件，一般不审查抽象行政行为，这并不是说人民法院对抽象行政行为没有任何程度的司法审查权。依照《行政诉讼法》的规定，人民法院对规章拥有一定程度的司法审查权。人民法院对规章的审查主要是对其在适用上的审查，即审查行政机关作出具体行政行为所依据的规章是否与较高效力层次的规范性文件相抵触。具体地说，人民法院对规章拥有的权力是：①人民法院认为该规章同宪法、法律、行政法规等没有抵触，同其他规章也没有不一致的，有权决定参照；②人民法院认为该规章同宪法、法律、行政法规等有抵触，有权不予参照，而是根据宪法、法律、行政法规等作出判决；③人民法院认为作出具体行政行为根据的规章是违法的,不能直接判决规章违法,但可以判决根据此项规章作出的具体行政行为违法;④人民法院认为该规章与其他规章不一致,可以提请国务院作出解释或者裁决,有权暂不予参照。因此,为解决人民法院对规章是否参照审理的问题,《行政诉讼法》规定人民法院对规章有一定程度的审查权。

二是人民法院审理行政案件,只对具体行政行为的合法性进行审查,一般不审查适当性问题。行政机关具体行政行为的合法性与适当性问题来源于行政机关在行使行政管理职权时拥有的两种不同的权限:自由裁量权和羁束裁量权。在行政机关拥有自由裁量权的情况下,行政机关的具体行政行为一经作出,就既有合法性问题,又有适当性问题;在行政机关只有羁束裁量权限的情况下,行政机关具体行政行为的作出,只有合法性问题,没有适当性问题。自由裁量权指法律只有原则规定,行政机关在规定的原则和范围内可以根据情况作出机动灵活处理的权限。我国有关行政管理的法律、法规在授权行政机关作出行政处罚时,大都赋予了行政机关自由裁量权。行政机关在自由裁量权限范围内作出的行为一般是合法行为,但存在是否恰当的问题。超出自由裁量权限作出的行政行为,则构成违法。羁束裁量权指法律明确规定了条件以及在这种条件出现时行政机关必须采取一定措施的权限。行政机关根据羁束裁量权作出的具体行政行为没有适当性问题,只有合法性问题。

行政机关在行使职权时有自由裁量和羁束裁量两种权限,因此,行政机关作出的每一具体行政行为都有是否合法的问题。在行政机关拥有自由裁量权的情况下,具体行政行为还有是否适当的问题。按照《行政诉讼法》的规定,人民法院在审查具体行政行为时,一般只审查合法性问题,而不审查适当性问题,只是在行政处罚显失公正的情况下,人民法院才可以判决变更。

关于行政机关的具体行政行为是否合法,《行政诉讼法》第五十四条规定了明确的标准。对行政机关作为的行为,即行政机关的积极行政行为,从五个方面进行审查:①主要证据是否充分;②适用法律、法规是否错误;③是否违反法定程序;④是否超越职权;⑤是否滥用职权。行政机关不作为的行为,即行政机关的消极行政行为,在不履行或者拖延履行法定职责的情况下构成违法的行政行为。

在这里必须注意，消极行为不同于行政机关的否定行为，前者如对申请营业执照的人不予理睬，后者如驳回营业执照的申请。否定行为仍是积极行为，应以积极行为的五项标准予以审查。

关于适当性问题，我国行政诉讼法基本排除了对自由裁量权范围内不适当行为的干预，只有一个例外，即《行政诉讼法》第五十四条规定，行政处罚显失公正的，可以判决变更。因此，对行政处罚的变更判决应具备两个条件：①人民法院可以判决变更的，只限于行政处罚；②人民法院判决变更行政处罚时，必须是行政处罚显失公正。

（四）律师应善于运用具体行政行为的暂缓执行问题

根据我国《行政诉讼法》的规定，诉讼期间一般不停止具体行政行为的执行。因为行政机关在行政法律关系中所采取的具体行政措施，即使违法或不当，都是代表国家行使行政管理职权而作出的，具有行政法上的强制力和执行力。违法或不当的行政行为被撤销或变更以前，并不因为行政管理相对人的意思表示（申请复议或提起诉讼）而影响其执行，否则就有可能妨碍国家行政机关的正常活动，但是在某种特殊情况下，停止具体行政行为的执行更便于维护国家行政机关的威信，避免给当事人造成难以弥补的损失、保护当事人的合法权益。为此，《行政诉讼法》第四十四条对具体行政行为因诉讼需要暂缓执行的几种特殊情况作了如下规定：①被告认为需要停止执行的；②原告申请停止执行，人民法院认为该具体行政行为的执行会造成难以弥补的损失，并且停止执行不会损害公共利益可裁定停止执行的；③法律、法规规定停止执行的。

在以上三种特殊情况下，原告代理律师应结合案件的具体情况及时采取不同的方式对具有强制力和执行力的具体行政行为作例外处理。具体做法是：

（1）当原告代理律师发现被告行政机关滥用职权、超越职权，擅自作出了不符合该行政机关职权范围的决定、命令时，原告代理律师也可与被告行政机关具体交涉、提出停止具体行政行为执行的要求，一旦被告接受了意见，认为需要停止执行时，便会依职权作出停止执行的决定。通过原告代理律师的工作，有的案件甚至可以使被告行政机关撤销或变更处罚决定。这时原告代理律师可依据《行政诉讼法》第五十一条规定动员原告撤回诉讼请求。

(2) 如果被告行政机关不理睬原告代理律师提出的合理要求，那么律师应及时提醒原告申请法院裁决停止执行，只有这样才能依法指导原告充分运用诉讼权利来维护实体权利。

(3) 在法律、法规规定可以停止执行的环境中，原告代理律师应当注意以下两种情况：一是法律明文规定可以停止执行的，如果行政机关仍要执行，代理律师应请求法院依法裁定停止执行。如《海洋环境保护法》第四十一条规定当事人对行政处罚不服的，可在收到决定书之日起十五日内向法院起诉，期满不起诉又履行的，由有关部门申请法院强制执行。这就是说如果原告在规定的十五日内起诉了，原处罚决定自然暂缓执行。对于这类案件，原告代理律师应注意两点：一是在规定时间内如果原告不能起诉，处理决定便发生了强制执行效力。如果原告在规定时间起诉了，被告仍要求原告执行时，可申请法院予以制止。二是法律规定可以附条件的暂缓执行的情况下，代理律师应积极帮助原告创造暂缓执行的条件。例如，被裁决拘留的人或者其家属能够找到担保人或者按照规定缴纳保证金，在申诉和诉讼期间，原裁决暂缓执行。

(五) 律师在行政诉讼中应善于运用适当的协调

《行政诉讼法》明确指出，在行政诉讼中严禁调解，但随着多年来行政诉讼审判的实践，这种权利不可转让、不能妥协的原则很快就遭到人们的怀疑。在行政救济程序中这种严格审查、不许调解的制度，所产生的法律和社会效果不是很理想。主要表现在：①即使行政机关已经认识到自己行为的违法性，甚至行政机关已经撤销了原具体行政行为，只要原告不撤诉，人民法院还要继续对原具体行政行为进行审查，使行政机关自我纠正错误的积极性大为降低。②原告诉讼目的已达到，但无调解结案方式。在行政审判实践中，往往存在这样的情况，那就是当事人在私下已经达成某种协议，被告承认违法并予以补救,原告受损害的合法权益已经得到补救和满足,因此,原告表示谅解和接受。但是人民法院的审判活动还要照常进行,因为法律并没有调解结案的规定。③审查撤诉申请流于形式。虽然法律规定,行政审判中的撤诉不像民事诉讼那样随意,但几乎没有哪个法院在审查撤诉申请后作出过不准许撤诉的裁定,因此,法院对行政案件撤诉申请的审查权几乎成了摆设,使行政诉讼法限制撤诉的立法意图几近落空。

在这种情况下,在律师处理行政诉讼案件实践中就催生出一种特殊的调解,针对特殊问题特殊分析,在法院立案以后直至作出最终判决之前进行调解。当然,在证据交换后、庭审之前这段时间效果更好,因为经过证据交换,原告诉讼的理由是否成立、被诉具体行政行为的合法性如何,往往一目了然。此时适时调解,原、被告双方抵触情绪较小,容易促其和解。这种调解被称为“协调”,尽管有擦边球的嫌疑,但不妨碍司法工作的进行,同时也有利于纠纷的解决。

第二章　行政诉讼的起诉与受理

一、律师如何理解行政诉讼的起诉与受理

所谓起诉是指公民、法人或者其他组织认为自己的合法权益受到行政机关具体行政行为的侵害，而向法院提出诉讼请求，要求法院通过行使审判权，依法保护自己合法权益的诉讼行为。所谓受理是指人民法院对原告的起诉行为进行审查后，认为起诉符合法律规定的要件，在法定期限内予以立案的行为，相反，如果认为起诉不符合法律规定，则决定不予受理的行为。

起诉是启动诉讼程序的第一个环节。对于起诉的理解以及在其指导下的具体操作将直接关系到整个诉讼程序的进行。我国《行政诉讼法》规定，向人民法院提起诉讼，必须符合以下条件：

(1) 原告应是认为具体行政行为侵犯其合法权益的公民、法人或者其他组织。它包括：①提起行政诉讼的原告可以是个人（包括我国公民和在中国境内的外国人、无国籍人），也可以是组织（包括社会团体、企事业单位和一定条件下的国家组织）；②起诉人必须与所诉行政机关的具体行政行为有直接利害关系，并认为其行政处理决定或复议裁决损害了其合法权益；③起诉人不服行政处理决定或复议裁决。具体说来，主要有下列公民、组织可以成为提起行政诉讼的原告：不服行政机关行政处罚（包括拘留、罚款、吊销许可证和执照、责令停产停业、没收财物等）的公民或组织，对限制人身自由或者对财产的查封、扣押、冻结等行政强制措施不服的公民或组织，认为行政机关侵犯法定的经营自主权的公民或组织；认为行政机关不履行法定职责，拒绝颁发许可证、执照和不依法发给抚恤金的公民或组织，认为行政机关不履行保护人身权、财产权的法定职责的公民或组织，认为行政机关违法要求履行义务的公民或组织，认为行政机关侵犯其他人身权、财产权的公民或组织；法律、法规规

定可以提起诉讼的其他行政案件中依法提起诉讼的公民或组织。

(2) 有明确的被告。被告是任何案件中不可缺少的当事人。原告提起行政诉讼必须向人民法院说明被告是哪一个具体行政机关，否则，人民法院不予受理。《行政诉讼法》对如何确定行政诉讼中的被告作了明确规定：原告依法直接向人民法院起诉的，作出具体行政行为的行政机关是被告；原告先申请复议，经复议机关复议的案件，如果复议机关维持原具体行政行为的，作出原具体行政行为的机关是被告，如果复议机关改变原具体行政行为的，复议机关是被告；两个以上行政机关作出同一具体行政行为，共同作出具体行政行为的行政机关为共同被告；由法律、法规授权的组织所作的具体行政行为，该组织是被告；由行政机关委托的组织所作的具体行政行为，委托的行政机关是被告；行政机关被撤销的，继续行使其职权的行政机关是被告，没有继续行使其职权的行政机关，作出撤销决定的行政机关或者其指定的行政机关是被告。

(3) 原告起诉必须提出具体的诉讼请求和事实根据。诉讼请求的内容一般包括：①原告认为行政处理决定违反了法律、法规的规定，滥用处罚权或越权处理，或据以作出决定的事实根据不能成立，或违反了法定程序，请求人民法院全部或部分撤销处理决定；或要求判决被告在一定期限内履行法定职责。②认为行政处罚显失公正，请求人民法院变更该处罚决定。此外，原告认为由于行政处理决定违法或不适当，给其造成了损害，在请求撤销或变更该行政处理决定的同时，还可以附带依法请求行政机关给予行政赔偿。但是，不管原告提出哪种请求，都需要有完整的事实根据，如行政机关的行政处罚决定书、其他行政处理决定书、行政复议决定书、罚没款收据等。

(4) 属于人民法院受案范围和受诉人民法院管辖。原告起诉的案件，必须是行政诉讼法和其他法律、法规规定的，属于人民法院受案范围的案件，同时还必须符合《行政诉讼法》有关管辖的规定，属于受诉人民法院管辖的案件。

在行政诉讼中起诉的方式，是以书面形式为原则，即起诉应向人民法院递交起诉状。人民法院接到起诉状后，要按照起诉条件进行审查，对符合条件的，应当在七日内立案，并通知起诉人，对不符合起诉条件的，也应在七日内作出不予受理的裁定，在裁定中应说明不予受理的理由。原告对裁定不服的，可以提起上诉。

对起诉的审查，首先，应注意审查是否属于人民法院的受案范围，是否符合起诉条件，是否属于受诉人民法院管辖；其次，审查是否就同一诉讼标的、同一理由向其他法院起诉；再次，审查是否属于法律、法规规定的必须先向行政机关申请复议，而未经复议就直接向人民法院起诉的案件；最后，要审查起诉是否超过法定期限、起诉手续是否完备等。

当事人的起诉和人民法院对起诉的受理两方面的诉讼行为相结合，才能引起诉讼法上的一定后果。

（1）起诉和受理两方面的诉讼行为相结合，引起具体案件诉讼程序的开始。仅仅有当事人的起诉，并不能引起诉讼程序的开始。当事人提出的诉讼请求，不具备法定的起诉条件，人民法院就不予受理，诉讼程序也就无从开始。对符合条件的起诉，人民法院决定受理后，对某一个具体案件进行审理的诉讼程序也就启动了。

（2）起诉和受理的诉讼行为相结合，开始诉讼程序之后，人民法院就有了对这一具体案件进行审判的权利和义务，即行使国家审判权进行审判的权利，以及通过依法审判解决案件争议的义务。同时，诉讼双方当事人取得了原告和被告的地位，各自享有法律赋予的诉讼权利，并承担相应的义务。

二、我国关于行政诉讼起诉与受理的相关规定

在行政诉讼中，起诉是指公民、法人或者其他组织认为自己的合法权益受到行政机关具体行政行为的侵害，而向人民法院提出诉讼请求，要求人民法院通过行使审判权，依法保护自己合法权益的诉讼行为。起诉是原告行使起诉权的单方诉讼行为。行政诉讼中的起诉有两种类型：①直接向人民法院起诉；②经复议后向人民法院起诉。

（一）起诉的条件

为防止公民、法人或者其他组织滥用起诉权，同时也为便于监督人民法院的受理工作，行政诉讼法对起诉设定了以下条件：①原告必须是认为具体行政行为侵犯其合法权益的公民、法人或者其他组织。②有明确的被告。③有具体的诉讼请求和事实根据。④属于人民法院的受案范围和受诉人民法院管辖。

（二）起诉与行政复议

依据行政复议法和行政诉讼法的规定，起诉与行政复议的关系表现在以下几个方面：

（1）行政复议是起诉的必经程序，先复议后诉讼。

（2）选择复议的处理。①公民、法人或者其他组织既提起诉讼又申请复议的，由先受理的机关管辖；同时受理的，由公民、法人或者其他组织选择。②当事人选择了复议，正处于行政复议过程中，当事人不得向人民法院提起行政诉讼。必须是在行政复议机关作出了行政复议决定或者逾期不作出行政复议决定时，当事人才可以向人民法院提起行政诉讼。③公民、法人或者其他组织向复议机关申请行政复议后，又经复议机关同意撤回复议申请，在法定起诉期限内可以对原具体行政行为提起诉讼。

（3）在特殊的选择复议下，即当事人选择行政复议就不得向人民法院提起行政诉讼时，当事人选择了行政复议，就丧失了起诉权。

（4）法律明确规定，行政复议机关的复议决定为终局决定时，当事人对行政复议决定不服不得向人民法院提起诉讼。

（三）起诉与诉讼时效

诉讼时效是指法律规定的关于保障权利人通过诉讼实现其请求权利的有效期限。当事人必须在诉讼时效内提起诉讼，超过诉讼时效，即意味着当事人丧失了起诉权。诉讼时效设置的目的在于保障社会关系和社会秩序的稳定性。行政诉讼法规定了两种诉讼时效。

(1) 经过复议向人民法院起诉的一般时效是，在收到复议决定书之日起十五日内或者在复议机关逾期不作复议决定时自逾期之日起十五日内，向人民法院提起诉讼。如果其他法律另行规定了诉讼时效，按照这些法律规定的诉讼时效。

(2) 直接向人民法院起诉的一般时效是，在知道作出具体行政行为之日起三个月内，向人民法院提起诉讼。如果其他法律另行规定了诉讼时效，按照这些法律规定的诉讼时效。

公民、法人或者其他组织申请行政机关履行法定职责，行政机关在接到申请之日起六十日内不履行的，公民、法人或者其他组织向人民法院提起诉讼，人民法院应当依法受理。法律、法规、规章和其他规范性文件对行政机关履行职责的期限另有规定的，从其规定。公民、法人或者其他组织在紧急情况下请求行政机关履行保护其人身权、财产权的法定职责，行政机关不履行的，起诉期限不受六十日的限制。

行政机关作出具体行政行为时，未告知公民、法人或者其他组织诉权或者起诉期限的，起诉期限从公民、法人或者其他组织知道或者应当知道诉权或者起诉期限之日起计算，但从知道或者应当知道具体行政行为内容之日起最长不得超过二年。复议决定未告知公民、法人或者其他组织诉权或者法定起诉期限的，也与前述规定相同。

公民、法人或者其他组织不知道行政机关作出的具体行政行为内容的，其起诉期限从知道或者应当知道该具体行政行为内容之日起计算。对涉及不动产的具体行政行为从作出之日起超过二十年、其他具体行政行为从作出之日起超过五年提起诉讼的，人民法院不予受理。

此外，公民、法人或者其他组织因不可抗力或者其他特殊情况耽误法定期限的，在障碍消除后的十天内，可以申请延长期限，由人民法院决定。其中，有以下两种比较显然的情况：①由于不属于起诉人自身的原因超过起诉期限的，被耽误的时间不计算在起诉期间内；②因人身自由受到限制而不能提起诉讼的，被限制人身自由的时间不计算在起诉期间内。

（四）人民法院决定受理的期限

依照有关规定，人民法院接收到起诉状后，应当组成合议庭对原告的起诉加以审查。经过审查，认为符合起诉条件的，应当在七日内立案；不符合起诉条件的，应当在七日内裁定不予受理。期限从受诉人民法院收到起诉状之日起计算；因起诉状内容欠缺而责令原告补正的，从人民法院收到补正材料之日起计算。

最高人民法院有关司法解释规定，原告起诉后，人民法院在七日内不能决定是否受理的，应当先予受理；受理后经审查不符合起诉条件的，裁定驳回起诉。有下列情形之一的，应当裁定不予受理；已经受理的，裁定驳回起诉。

（1）请求事项不属于行政审判权限范围的；

（2）起诉人无原告诉讼主体资格的；

（3）起诉人错列被告且拒绝变更的；

（4）法律规定必须有法定或者指定代理人、代表人为诉讼行为，未由法定或者指定代理人、代表人为诉讼行为的；

（5）由诉讼代理人代为起诉，其代理不符合法定要求的；

（6）起诉超过法定期限且无正当理由的；

（7）法律、法规规定行政复议为提起诉讼必经程序而未申请复议的；

（8）起诉人重复起诉的；

（9）已撤回起诉，无正当理由再行起诉的；

（10）诉讼标的为生效判决的效力所羁束的；

（11）起诉不具备其他法定条件的。

以上所列情形可以补正或者更正的，人民法院应当指定期限责令补正或者更正；在指定期间已经补正或者更正的，应当依法受理。

（五）不予受理的情形

人民法院对下列案件不予受理并作适当处理：

（1）对控告有关国防、外交等国家行为的不予受理，对控告行政法规、规章或者行政机关制定、发布的具有普遍约束力的决定、命令的，应告知当事人向作出该行政行为的上一级行政机关或同级人民代表大会及其常务委员会提出。

（2）对控告行政机关工作人员犯罪、失职、渎职及其他违法行为的，对控告行政机关对工作人员的奖惩、任免等决定的，应告知当事人向公安、检察、监察、人事等有关机关或作出具体行政行为的行政机关或其上一级行政机关提出。

（3）对以行政机关为被告的民事争议案件，或对受害人要求侵害人赔偿损失而单独提出损害赔偿要求的，应告知当事人提起民事诉讼。

（4）对于不属于本院管辖的行政案件，应告知当事人向有管辖权的法院提起，或者转送到有管辖权的法院。

（5）对控告法律规定由行政机关最终裁决的具体行政行为不予受理；对属于法律、法规规定必须先经行政机关复议，对复议决定不服才能向法院起诉的案件，当事人未经复议申请而直接向人民法院起诉的，则应告知当事人先向行政机关申请复议。

（6）对属于选择诉讼的案件当事人已经申请复议同时又向人民法院起诉的，应告知当事人不能与申请复议同时提起诉讼，要等到复议决定作出，或在复议期限届满之日起，对复议不服，才可以向人民法院起诉。

（六）其他情况的处理

根据有关规定，考虑到司法实践中出现的各种情形，人民法院在审查起诉和决定受理时，还要分别视情况作出不同的处理：

（1）法律、法规没有规定对行政机关的具体行政行为不服，可以向人民法院起诉的，当事人对行政机关在《行政诉讼法》实施前作出的具体行政行为不服，向人民法院提起诉讼的，人民法院不予受理。当事人在《行政诉讼法》实施后才知道行政机关作出具体行政行为的，人民法院应依法予以受理。

（2）行政机关作出具体行政行为时，不制作、不送达决定书，当事人对具体行政行为不服，向人民法院起诉时，只要能证实具体行政行为的存在并符合其他起诉条件的，人民法院应予受理。

(3) 当事人对人民法院判决撤销行政机关的具体行政行为后,行政机关重新作出的具体行政行为仍不服的,可以作为新的行政案件向人民法院起诉,人民法院应予受理。

(4) 治安行政案件中,复议机关撤销了原处罚决定,被侵害人不服而依法起诉的,人民法院应予受理。

(5) 被侵害人或者被处罚人不服公安派出所作出的警告或者50元以下的罚款裁决,向设立该派出所的公安机关申请复议,复议机关改变原裁决,作出50元以上罚款或者拘留裁决,当事人对复议裁决不服的,可以直接向人民法院起诉。

(6) 行政机关根据两个以上法律、法规作出的一个具体行政行为中,只有一项处理内容,如果法律、法规规定的起诉期限不一致,当事人起诉时,只要未超过其中最长期限,人民法院应予受理。

(7) 行政机关就同一事实,对若干人作出具体行政行为,根据法律规定,当事人对这类具体行政行为不服,可以向上一级行政机关申请复议并由复议机关作终局裁决,也可以直接向人民法院起诉的,如果一部分选择了申请复议,这部分就不能再向人民法院起诉,另一部分仍可以依法向人民法院起诉。

(8) 法律、法规规定,当事人对具体行政行为不服,必须经过复议才能向人民法院起诉的,如果行政机关在复议决定中追加当事人,被追加的当事人对复议决定不服的,可以直接向人民法院起诉。

(9) 行政机关在一个具体行政行为中,依据不同的法律、法规分别作出不同处理的,起诉期限应按照相应的法律、法规的规定,分别计算。人民法院对未超过起诉期限部分的起诉予以受理,对已经超过起诉期限部分的起诉不予受理。

(10) 法律、法规中只规定了对某类具体行政行为不服,可以申请复议,没有规定可以向人民法院起诉,而《行政诉讼法》规定可以向人民法院起诉的,当事人向人民法院起诉时,应当告知当事人向行政机关申请复议。

(11) 被侵害人认为被处罚人在同一事件中实施了两种违反治安管理的行为,公安机关只认定并处罚了一种行为,被侵害人如果要求公安机关处罚另一种行为而提起诉讼的,人民法院不予受理。

三、律师在行政诉讼起诉与受理中需要注意的问题

（一）要注意原告是否具有主体资格

原告主体资格主要解决原告是否与被诉具体行政行为具有法律上的利害关系。行政行为直接针对的公民、法人或者其他组织，显然与行政行为具有法律上的利害关系。因此，这里主要分析行政行为非直接针对的，但与行政行为有法律上利害关系的公民、法人或者其他组织。原告主体资格转移的情形主要有以下五种：

（1）与被诉的行政复议决定有法律上的利害关系，主要有两种情况：一是在复议决定中追加为第三人，这种情况下，被追加的人当然与复议决定有法律上的利害关系，具有原告资格。二是复议决定虽未追加其为第三人，但在复议决定中作出的事实认定与其有法律上的利害关系。如县公安局以甲打伤乙为由处罚甲，甲不服，申请市公安局复议，市公安局复议认为打伤乙的不是甲，而是丙。显然丙与复议决定有法律上的利害关系。因此，丙具有原告资格。

（2）要求主管行政机关追究加害人法律责任的，申请人对主管行政机关的作为和不作为均可以提起行政诉讼。

（3）与撤销或者变更具体行政行为有法律上的利害关系。不论是原行政机关撤销或变更，还是上级行政机关撤销或变更，利害关系人均可以提起行政诉讼。

（4）被诉具体行政行为影响其民事权益。被诉具体行政行为影响其民事权益的情形主要有以下几种情形：①被诉具体行政行为直接影响其财产权的。如某公安机关误将邻居家的录像器材作为违法行为人的聚众放映淫秽录像的工具予以没收，该邻居可以提起行政诉讼。②被诉具体行政行为涉及其相邻权或者公平竞争权的。相邻权是一个民法概念，是指不动产人对相毗邻的他人的不动产享有一定的支配权，如通行权、通风权、采光权、利用水流权等。相邻权虽是民法权利，但很多情况下与行政行为发生联系，如果要保护

或实现相邻权，必须先解决行政行为问题，因此，可以对相邻权提起行政诉讼。公平竞争权也是一种民事上的权利，但有时行政行为能影响公平竞争权，如市政府开发某块商业用地，甲乙丙三人投标，最后丙中标，甲和乙认为市政府侵犯了其公平竞争权，提起行政诉讼。甲和乙享有原告主体资格。但是，如果甲和乙未参加投标，则不具有原告资格，因为他们与市政府的行为没有联系，也就没有法律上的利害关系。③被诉行为影响其抵押权实现的。实践中有不少这样的情形，如房产局违法为某公司颁发房地产权证，该公司以房地产权证作为抵押向银行贷款。银行要实现其抵押权时，却发现房地产权证存在瑕疵，导致其抵押权不能实现。银行向法院提起行政诉讼，要求确认房产局的发证行为违法，法院应当受理。④被诉行为影响其工程款实现的。例如，原告李某是一个建筑商，带资为廖某修建了一栋房屋。房屋修好后，廖某无力还款，遂与原告约定，在其未还款之前，原告有权使用该房屋。后廖某向房产局申请办理了房产证，并将该房产转让给某公司，并办理了房产变更登记。此后，廖某下落不明。该公司要求原告迁出房屋。原告于是向法院起诉，要求撤销房产局的发证行为和变更登记行为。本案李某是否具有原告资格？法院认为，根据李某与廖某的约定，在廖某付清工程款之前，李某有权使用涉案房屋。李某要求廖某支付工程款的权利，以及对房屋使用的权利，虽不能阻止廖某申请登记发证，但房产局为涉案房屋登记发证，可能会造成李某的债权不能实现。因此，李某与房产局的发证行为之间具有法律上的利害关系，可以取得原告资格。⑤被诉行为直接影响其与他人之间民事纠纷的解决。例如，某拆迁人与被拆迁人因补偿问题发生民事案件，规划管理所向城建规划局请求对被拆迁房屋的性质出具意见，城建规划局出具意见认为被拆迁房屋属违法建筑。当事人将该意见提交给法院。被拆迁人不服城建规划局出具的意见，向法院提起行政诉讼，要求撤销城建规划局出具的意见。法院遂中止民事案件的审理，等待行政诉讼的结果。法院认为，城建规划局出具的意见虽然是针对其下属职能部门规划管理所的申请作出的回复，但该意见认定被拆迁人的房屋属于违法建筑，且已进入民事程序，在被有关机关撤销以前，该意见影响民事案件的审理，被拆迁人与该意见具有法律上的利害关系，因而具有原告资格。

（5）其他情形原告的确认。①合伙企业，应当以核准登记的字号为原告，合伙人不具有原告资格。其他合伙组织、合伙人可以提起行政诉讼。②联营企业、中外合资或者合作企业的联营、合资、合作各方，均可以提起行政诉讼。③《最高人民法院关于执行〈中华人民共和国行政诉讼法〉若干问题的解释》（以下简称《若干问题的解释》）规定，非国有企业被行政机关注销、撤销、合并、强令兼并、出售、分立或者改变企业隶属关系的，该企业或者法定代表人可以提起诉讼。对于行政机关注销、撤销、合并、强令兼并、出售、分立或者改变国有企业隶属关系的，国有企业能否提起行政诉讼？《若干问题的解释》没有作出规定。依据法理推断，应当可以提起行政诉讼。首先，行政机关的上述行为属于《行政诉讼法》第十一条规定的法人“认为行政机关侵犯法律规定的经营自主权”的情形。其次，最高法院法函〔1994〕34号《关于当事人对行政机关作出的全民所有制企业分立的决定不服提起诉讼的人民法院应作为何种案件受理问题的复函》中规定，对此类案件应当作为“侵犯法律规定的经营自主权”的行政案件受理。④行政机关对股份制企业作出的侵犯企业经营自主权的行为，除了该企业和法定代表人可以起诉以外，该企业的股东大会、股东代表大会、董事会也可以该企业的名义提起行政诉讼。企业职工或者公司股东在有些情况下可以个人名义提起行政诉讼。行政机关对企业或者公司作出的行政行为，如果直接对某个职工或者股东个人合法权益进行了处理的，该职工或者股东可以起诉。如工商局变更有限责任公司股东的登记行为，虽然该行为是针对公司作出的，但由于该行为直接对该股东的合法权益进行了处理，因此，该股东可以对工商局提起行政诉讼。⑤行政机关变更企业法定代表人的情况。行政机关虽然是变更法定代表人，但这种变更既影响了该企业的经营自主权，也直接侵犯了原法定代表人的合法权益，因此，该企业可以提起行政诉讼，原法定代表人也可以提起行政诉讼，但由于原法定代表人已不能代表原企业，因此，不能以企业名义起诉，而只能以自己的名义提起行政诉讼。

（二）确定行政诉讼被告要注意的情形

律师在行政诉讼中，确定行政诉讼被告要注意以下问题：

（1）经上级行政机关批准的行政行为的适格被告。以对外发生法律效力的文书上署名的行政机关为被告。

（2）行政机关组建的不具有独立承担法律责任的机构实施行政行为，以组建该机构的行政机关为被告。

（3）内设机构在没有法律、法规或者规章授权的情况下，作出行政行为，以该行政机关为被告。

（4）内设机构虽有法律、法规或者规章授权，但超出授权范围作出行政行为，以该行政机构为被告。

（5）行政机关在没有法律、法规或者规章规定的情况下，授权内设机构、派出机构或者其他组织作出行政行为，以该行政机关为被告。

（6）行政机关委托其他行政机关，受委托行政机关在委托权限内作出行政行为的，以委托行政机关为被告；受委托行政机关超出委托权限范围的，以该受委托行政机关为被告。

（7）法律、法规或者规章授权的组织为被告。

（8）复议机关不予受理的如何确定被告的问题。复议前置的，应当诉复议机关的不作为；不需要复议前置的，可以选择起诉。

（9）复议机关在法定期限内不作复议决定，可以诉原具体行为，也可以诉复议不作为。

（10）原告起诉的被告不适格，应当告知变更被告，不同意变更的，驳回起诉；应当追加被告而原告不同意追加的，应当通知其以第三人身份参加诉讼。

（三）要注意行政诉讼请求的设计

诉讼请求是原告起诉，请求法院予以保护的主张。行政诉讼中，法院主要审查具体行政行为是否符合法律规定，合法的予以维持，违法的予以撤销，或者作出履行判决、变更判决。所以，诉讼请求应针对行政诉讼的上述特点：①认为具体行政行为违法的，请求法院判决“撤销”该行为。②认为行政机关不答复申请或不履行法定职责的，请求法院判决限期“履行”。③认为行政处罚不合理的，如处罚过重或过轻等，可请求法院予以合理“变更”。④若行政机关的侵权行为对人身、财产造成损害的，可附带提出“赔偿”请求，赔偿请求应写明赔偿项目和金额。在赔偿中可以单独提起行政赔偿诉讼，但前提是要让原作出该行政行为的机关或者它的上级也就是复议机关确认该行为违法，法院才能受理。也可以直接向法院起诉要求对该行政行为进行违法性审查并附带提起行政赔偿之诉，还可以向有权的行政机关（一般是该机关的上级）提起行政复议，并附带行政赔偿请求。注意此种情况下，即使你没有提出行政赔偿，只要复议机关改变了原决定，就应当给予你赔偿。

代理律师应当保持清醒的头脑，根据案件的具体情况和法律、法规的有关规定，在尽可能维护委托人合法权益的基础上确定诉讼请求，切不可不顾原则地一味顺从委托人的要求，对于委托人合理合法的要求应当接受，对于委托人一些不切实际的要求应当做好说服工作。如果一味地让委托人牵着鼻子走，代理律师成为委托人的传话筒，将会使代理工作处处被动。

（四）要注意行政诉讼的起诉与复议的关系

根据行政诉讼法和其他法律、法规的规定，行政诉讼的起诉与民事诉讼的起诉有较大差别。差别之一是在提起行政诉讼之前，往往要经过一次行政复议。这种行政复议与起诉的关系大致有以下几种情况：

（1）对属于人民法院受案范围的行政案件，公民、法人或者其他组织可以先向上一级行政机关或者法律、法规规定的行政机关申请复议，对复议不服的，再向人民法院提起诉讼，也可以直接向人民法院提起诉讼。无论是当事人先向行政机关申请复议，再向人民法院起诉的，还是直接向人民法院起诉的，这两种形式对当事人的起诉权都没有影响。

（2）法律、法规规定应先向行政机关申请复议，对复议不服再向人民法院提起诉讼的，依照法律、法规的规定。即公民、法人或其他组织不服行政机关的处理决定，必须先向行政机关申请复议，只有对复议裁决不服的，才可向人民法院起诉，否则人民法院不予受理。如果公民、法人和其他组织在申请复议期限内不申请复议的，即丧失申请复议权，同时，也丧失起诉权。

(3) 有些行政法规规定，公民、法人或其他组织不服行政机关处理决定，既可以向上一级行政机关申请复议，也可以直接向人民法院起诉。这里应注意，依照法规的规定，凡申请复议的，复议裁决为终局裁决，当事人即丧失了向人民法院的起诉权，若不申请复议则可以直接向人民法院起诉。两者不能同时行使，当事人员只能作一种选择。

(4) 有些行政法规规定，公民、法人和其他组织不服行政机关的行政处理决定，不必经过上一级行政机关复议，即可直接向人民法院起诉。

（五）律师要注意当事人是否在起诉期限内

当事人向人民法院提起诉讼，必须在法定期限内进行。我国《行政诉讼法》规定：①公民、法人及其他组织不服行政机关复议决定的，可以在收到复议决定书之日起十五日内向人民法院提起诉讼。②公民、法人或者其他组织直接向人民法院提起诉讼的，应当在知道作出具体行政行为之日起三个月内提出。

除了以上规定的起诉期限外，如果法律另有规定的，则按规定办理。法律、法规虽然规定了公民、法人或其他组织必须在法定起诉期限内行使起诉权，但是在特殊情况下，也规定了可以延长起诉期限。如《行政诉讼法》第四十条规定，公民、法人或者其他组织因不可抗力或者其他特殊情况耽误法定期限的，在障碍消除后的十日内，可以申请延长期限，由人民法院决定。

（六）律师要注意行政诉讼起诉期限的顺延问题

《行政诉讼法》和《若干问题的解释》规定了三种情况的顺延：①因不可抗力或者其他特殊情况耽误法定期限的，在障碍消除后的十日内，可以申请延长期限，由人民法院决定；②因不属于起诉人自身的原因超过起诉期限的，被耽误的时间不计算在起诉期间内；③因人身自由受到限制而不能提起诉讼的，被限制人身自由的时间不计算在起诉期间内。其中不可抗力和被限制人身自由两种情况的顺延基本无争议，在实务中出现的起诉期限顺延问题主要有：

（1）其他特殊情形耽误法定期限。《行政诉讼法》并没有列举“其他特殊情况”的具体情形，在实践中不能随意扩大解释，应由人民法院根据实际情况决定是否准许延长期限，但必须注意，以“特殊情况”作为延长理由的，必须向人民法院提出申请，未申请的，不产生延长效力。

（2）不属于起诉人自身原因的认定。一般来讲，当事人超过起诉期限均与自身的主观原因有一定的联系，但有些情形确实是因为非当事人自身原因造成的，如行政复议机关未在法定期限内作出复议决定、行政机关告知的起诉期限有误等原因导致超过起诉期限。《行政复议法》规定，复议机关应在六十日内作出复议决定，但复议机关未在法定期限内作出复议决定时，行政机关告知的起诉期限往往均已经届满。比如《土地管理法》规定，当事人可以在接到责令限期拆除决定之日起十五日内，向人民法院起诉。如当事人选择行政复议，但六十日的复议期限届满后，当事人以复议机关未作出复议决定而提起行政诉讼的，已超过十五日的起诉期限，此类情形就应认定为非起诉人自身原因，因复议被耽误的时间不计算在起诉期限内。另如行政机关告知的起诉期限超出其所依据的法律、法规或《行政诉讼法》规定的三个月，即使当事人起诉时已超过法定的期限，但只要在行政机关告知的起诉期限内，应认定为非起诉人自身原因，其耽误的时间是行政机关错误告知所致，人民法院应予受理。

第三章　行政诉讼管辖

一、律师如何科学理解行政诉讼管辖

管辖本义是管理、统辖的意思，延伸出去，有法律意义上的管辖，有级别管辖，有地域管辖，有移送管辖，还有协议管辖。人民法院系统内部及各人民法院之间审理案件的具体分工，则由管辖来确定。管辖是指各级人民法院之间或者同级人民法院之间受理第一审行政案件的分工和权限。我国地域广大，行政区划复杂，人民法院建制与行政区划相关联。而在人民法院系统内部，案件实行的是四级两审制。因此，每一起行政案件，都必须从纵向和横向两个方面来确定案件的管辖，即级别管辖和地域管辖。行政诉讼法规定了级别管辖和地域管辖，同时对确定具体行政案件的管辖时可能遇到的问题也作了规定。我国行政诉讼管辖如图 3-1 所示。

- 管辖
  - 法定管辖
    - 级别管辖
    - 地域管辖
  - 裁定管辖
    - 移送管辖
    - 指定管辖
    - 移转管辖

图 3-1　行政诉讼管辖种类

由图 3-1 可以看出：

（1）级别管辖是划分上下级法院之间受理第一审民事案件的分工和权限。我国《行政诉讼法》采用综合性标准确定行政案件的级别管辖，主要是将我国人民法院通常划分案件管辖的标准，如案件的性质、简繁程度、影响大小与被告的级别综合起来确定级别管辖。

（2）地域管辖是划分同级人民法院之间，特别是同级基层人民法院之间审理第一审行政案件的分工和权限。地域管辖一般是按人民法院的辖区和行政案件的隶属关系来划分的。行政诉讼中的地域管辖分为一般地域管辖和特殊地域管辖。

(3) 移送管辖,是指地方人民法院受理某一案件后,发现对该案件无管辖权,为保证该案件的审理,依照法律相关规定,将该案件移送给有管辖权的人民法院。移送管辖的实质是对案件进行移送,而不是对案件管辖权进行移送。它是对管辖发生错误所采用的一种纠正措施。移送管辖通常发生在同级人民法院之间,但也不排除在上、下级人民法院之间移送。

(4) 指定管辖,是指上级人民法院以裁定方式,指定下级人民法院对某一案件行使管辖权。指定管辖的实质,是法律赋予上级人民法院在特殊情况下有权变更和确定案件管辖法院,以适应审判实践的需要,保证案件及时正确地裁判。

(5) 移转管辖,又叫管辖权的转移,是指由上级人民法院决定或者同意,把有管辖权的案件,由下级人民法院移送上级人民法院审判,或者由上级人民法院移交下级人民法院审判。移转管辖是在上下级人民法院之间,将案件由有管辖权的人民法院移转给没有管辖权的人民法院,以便根据行政案件的具体情况,由适当的人民法院审判。

二、我国关于行政诉讼管辖的相关规定

《行政诉讼法》第三条第二款规定:“人民法院设行政审判庭,审理行政案件。”最高人民法院明确规定:行政案件、行政赔偿案件和审查行政机关申请执行其具体行政行为的案件由各级人民法院行政审判庭审理,“海事等专门人民法院不审理行政案件、行政赔偿案件,亦不审查和执行行政机关申请执行其具体行政行为的案件”。最高人民法院 2001 年 9 月 11 日发布的《关于海事法院受理案件范围的若干规定》中明确规定,海事法院的收案范围为 63 项,其中包括海事行政案件和海事行政赔偿案件。之后,最高人民法院于 2002 年 1 月 30 日下发了《关于海关行政处罚案件诉讼管辖问题的解释》,其中规定:“相对人不服海关作出的行政处罚决定提起诉讼的案件,

由有管辖权的地方人民法院依照《行政诉讼法》的有关规定审理。相对人向海事法院提起诉讼的，海事法院不予受理。”这两个规定是有矛盾的。依据新法优于旧法的原则，海事法院不受理行政处罚案件。但是，海事行政案件并不只限于行政处罚案件，还包括其他的行政案件，如船籍登记、船员管理、资格认定等。这些案件是由海事法院管辖还是由地方法院管辖不甚明确。为此，2003 年 8 月 11 日，最高人民法院办公厅《关于海事行政案件管辖问题的通知》规定：根据审判委员会第 1282 次会议决定，第一，行政案件、行政赔偿案件和审查行政机关申请执行其具体行政行为的案件仍由各级人民法院行政审判庭审理。海事等专门人民法院不审理行政案件、行政赔偿案件，亦不审查和执行行政机关申请执行其具体行政行为的案件。第二，本通知下发之前，海事法院已经受理的海事行政案件、行政赔偿案件，继续由海事法院审理；海事法院已作出的生效行政判决或者行政裁定的法律效力不受影响。因此，我国专门人民法院不受理行政案件，行政案件一律由普通法院受理。

（一）级别管辖的相关规定

1. 基层人民法院管辖的第一审行政案件

基层人民法院是我国审判机关的最基层单位，主要任务是审判案件。它分布在全国各个地方，是确定级别管辖的基础。因此，除《行政诉讼法》另有规定之外，一般行政案件由基层人民法院作为第一审法院。

2. 中级人民法院管辖的第一审行政案件

中级人民法院的主要任务是对基层人民法院的审判工作进行监督指导和审理不服基层人民法院判决、裁定的上诉案件，因此，《行政诉讼法》规定，把一些影响较大、案情复杂的案件交由中级人民法院作为第一审法院审理。具体地说，中级人民法院管辖下列第一审行政案件：

（1）确认发明专利权的案件、海关处理的案件。

（2）对一定级别的行政机关提起诉讼的案件。

（3）本辖区内重大、复杂的案件，依照《最高人民法院关于行政案件管辖若干问题的规定》(2007 年 12 月 17 日由最高人民法院审判委员会第 1441 次会议通过，自 2008 年 2 月 1 日起施行)，是指有下列情形之一的第一审行政案件：

①被告为县级以上人民政府的案件，但以县级人民政府名义办理不动产物权登记的案件可以除外；②社会影响重大的共同诉讼、集团诉讼案件；③重大涉外或者涉及香港特别行政区、澳门特别行政区、台湾地区的案件；④其他重大、复杂的案件。

3. 高级人民法院管辖的第一审行政案件

高级人民法院管辖本辖区内重大、复杂的第一审行政案件。高级人民法院是地方各级人民法院中最高一级的审判机关。它的任务主要是对本辖区内的中级人民法院的审判工作进行监督指导，审理不服中级人民法院判决的上诉案件，因此，《行政诉讼法》规定高级人民法院管辖本辖区内重大、复杂的第一审行政案件。这里所说的“重大、复杂的案件”，从审判实践看，主要是指以下案件：对国务院作出的具体行政行为提起诉讼的案件、在高级人民法院辖区内人民群众有强烈反映的案件或者有关重大公共利益的案件。

4. 最高人民法院管辖的第一审行政案件

最高人民法院管辖全国范围内重大、复杂的第一审行政案件。最高人民法院是我国的最高审判机关，它的任务主要是对全国各级人民法院的审判工作进行监督和指导，一般不审理一审行政案件。由它管辖的第一审行政案件，只能是在全国范围内有重大影响或者极为复杂的行政案件，比如在全国范围内人民群众有强烈反响的案件、有必要作出司法解释的案件等。

(二) 地域管辖的相关规定

1. 一般地域管辖

一般地域管辖是指按照被告所在地划分案件管辖法院的管辖方式。《行政诉讼法》第十七条规定：“行政案件由最初作出具体行政行为的行政机关所在地人民法院管辖。经复议的案件，复议机关改变原具体行政行为的，也可以由复议机关所在地人民法院管辖。”此规定表明，直接向人民法院起诉的行政案件和复议机关维持原具体行政行为的行政案件，一般都由最初作出具体行政行为的行政机关所在地人民法院管辖；复议机关改变了原具体行政行为的行政案件，如果最初作出具体行政行为的机关和复议机关不在同一法院辖区的，由原告选择两机关所在地中的其中一个人民法院管辖。

依据最高人民法院《若干问题的解释》第七条规定，“复议机关改变原具体行政行为”是指以下三种情形：①复议机关改变原具体行政行为所认定的主要事实和证据的；②复议机关改变原具体行政行为所适用的规范依据且对定性产生影响的；③复议机关撤销、部分撤销或者变更原具体行政行为处理结果的。

2. 特殊地域管辖

特殊地域管辖，是指根据某些特殊行政法律关系来确定案件管辖法院的管辖方式。《行政诉讼法》规定了两种特殊地域管辖。

(1) 对限制人身自由的行政强制措施不服提起的诉讼，由被告所在地或者原告所在地人民法院管辖。

人身自由是宪法和法律赋予公民的一项最基本的权利。为了充分保护公民的人身自由，《行政诉讼法》规定，当公民的人身自由受到行政机关行政强制措施侵犯时，可由原告选择方便其进行诉讼的原告所在地或者被告所在地人民法院管辖。这里所说的原告所在地是指原告的住所地、经常居住地和被限制人身自由地。按这一规定，当原告所在地和被告所在地不一致时，大多数原告会选择便于其进行诉讼的原告所在地人民法院管辖，这将会出现不利于行政机关参加诉讼的情况，如受公安机关行政强制措施对待的人分布在全国各地，若发生纠纷都到原告所在地应诉，费时费事，非常不便，而且也会给人民法院勘验现场、搜集和核查证据等工作带来一定的困难。然而，《行政诉讼法》作出这一规定的目的是为了便于原告进行诉讼。这是因为：一方面，行政机关在财力、人力上的承受能力要比公民一方强；另一方面，原告是行政诉讼的主要参加人，不便于原告参加诉讼会给人民法院的审判工作带来更大困难。所以，《行政诉讼法》对不服限制人身自由的行政强制措施提起诉讼的行政案件的管辖作了特殊规定。

《行政诉讼法》作此规定的立法意图是为了保护公民的人身权

这一基本权利，便于公民在这一基本权利受到侵犯时寻求司法保护。由于行政诉讼法在受案范围和判决部分对行政处罚和行政强制措施都作了明确的不同规定，因而可以理解为《行政诉讼法》对行政处罚和行政强制措施有所区别。那么此规定是否适用于限制人身自由的行政处罚？如果机械地理解法律，则这一规定不适用于限制人身自由的行政处罚。但从立法意图看，立法者作此规定的目的是为了对公民的人身自由提供特别保护，而行政处罚和行政强制措施都是对公民的人身自由加以限制或者剥夺，因此，应该认为限制人身自由的行政处罚和行政强制措施都可以由原告选择管辖。

关于行政机关既针对人身又针对财产作出的行政行为的管辖问题，最高人民法院司法解释规定，行政机关基于同一事实既对人身又对财产实施行政处罚或者采取行政强制措施的，被限制人身自由的公民、被扣押或者没收财产的公民、法人或者其他组织对上述行为不服的，既可以向被告所在地人民法院提起诉讼，也可以向原告所在地人民法院提起诉讼，受诉人民法院可一并管辖。

（2）因不动产提起的行政诉讼，由不动产所在地人民法院管辖。

不动产是指土地包括滩涂、草原、山岭、荒地等及其附着物。附着物是指自然的或者人工的附在土地之上或者土地之中的物体，如建筑物、山林、水流等。因不动产提起的行政诉讼，是指公民、法人或者其他组织对行政机关作出的有关不动产所有权或者使用权的具体行政行为不服，而向人民法院提起的诉讼，以及因涉及不动产的侵权行为而引起的诉讼。这类诉讼由不动产所在地人民法院管辖，便于进行调查、勘验，便于人民法院对案件作出正确的及时的处理。

3. 共同管辖和选择管辖

共同管辖是指对同一诉讼，两个或者两个以上的人民法院都有管辖权而确定的管辖。如对限制人身自由的行政强制措施不服提起的诉讼，原告所在地或者被告所在地人民法院都有管辖权。又如因不动产引起的诉讼，如果该不动产跨两个以上辖区和经复议后复议机关改变原具体行政行为而提起的诉讼，都有可能出现共同管辖。选择管辖是指在法律规定共同管辖的情况下，原告可以选择其中一个人民法院作为管辖法院而确定的管辖。

共同管辖和选择管辖，既不是一种管辖的两个不同称谓，也不是两种不同的管辖方式，而是一个事物的两个方面。从管辖权角度讲，是共同管辖；从当事人有权确定具体管辖法院角度讲，是选择管辖。《行政诉讼法》第二十条规定，两个以上的人民法院都有管辖权的案件，原告可以选择其中一个人民法院提起诉讼。原告向两个以上有管辖权的人民法院提起诉讼的，由最先收到起诉状的人民法院管辖。《行政诉讼法》的这一规定，主要是为了避免人民法院之间在受理案件时因管辖权问题发生互相推诿的情况。

4. 合并管辖

合并管辖是指对某个案件有管辖权的人民法院，可以管辖与此案件有牵连的其他案件。合并管辖主要出现于受理本案的人民法院对有牵连的案件没有管辖权而又需要合并审理的情况。依照有关规定，行政机关基于同一事实，对同一当事人作出限制人身自由和扣押财产两种具体行政行为，如果当事人对这两种具体行政行为均不服，向有管辖权的人民法院提起诉讼，该人民法院可以将当事人的两个诉讼请求合并审理。

（三）移送管辖的相关规定

《行政诉讼法》第二十一条规定，人民法院发现受理的案件不属于自己管辖时，应当移送有管辖权的人民法院管辖。受移送的人民法院不得自行移送。依此规定，移送管辖必须同时具备三个条件：第一，人民法院已经受理了案件；第二，移送的法院对此案件无管辖权；第三，接受移送的法院对此案件有管辖权。移送法院的移送裁定，对接受移送的人民法院具有约束力，该法院既不能退回移送的人民法院，也不得再自行移送其他人民法院。如果确实认为移送错误或者审理确有困难的，应说明理由报请上级人民法院指定管辖。

关于当事人提出管辖异议时如何处理，最高人民法院《若干问题的解释》第十条规定，当事人提出管辖异议，应当在接到人民法院应诉通知之日起十日内以书面形式提出。对当事人提出的管辖异议,人民法院应当进行审查。异议成立的,裁定将案件移送有管辖权的人民法院;异议不成立的,裁定驳回。

(四) 指定管辖的相关规定

对某一案件,上级人民法院以裁定的方式,指定某一个下级人民法院管辖,叫指定管辖。《行政诉讼法》第二十二条规定,对两种情况要由上级人民法院指定管辖。

(1) 有管辖权的人民法院由于特殊原因不能行使管辖权的,如由于自然灾害、战争、意外事故或者法律规定等其他原因,致使有管辖权的人民法院无法审理案件,要由上级人民法院指定其他人民法院管辖。

(2) 人民法院对管辖权发生争议,由争议双方协商解决。协商不成的,报请共同上级人民法院决定。

《最高人民法院关于行政案件管辖若干问题的规定》对指定管辖作出了明确的规定,在三种情况下,中级人民法院应当根据不同情况在七日内作出处理,除决定自己审理、要求有管辖权的人民法院审理,或者书面告知当事人向有管辖权的基层人民法院起诉以外,可以指定本辖区其他基层人民法院管辖。这三种情况是:第一,当事人以案件重大复杂为由或者认为有管辖权的基层人民法院不宜行使管辖权,直接向中级人民法院起诉的;第二,当事人向有管辖权的基层人民法院起诉,受诉人民法院在七日内未立案也未作出裁定,当事人向中级人民法院起诉的;第三,基层人民法院对其管辖的第一审行政案件,认为需要由中级人民法院审理或者指定管辖的,报请中级人民法院决定的。指定管辖应当作出裁定。指定管辖裁定应当分别送达被指定管辖的人民法院及案件当事人。对于由基层人民法院报送而发生的指定管辖,其裁定还应当送达报请的人民法院。该司法解释还规定,对指定管辖裁定有异议的,不适用管辖异议的规定。

(五) 移转管辖的相关规定

《行政诉讼法》第二十三条规定,上级人民法院有权审理下级人民法院管辖的第一审行政案件，也可以把自己管辖的第一审行政案件移交下级人民法院审判。下级人民法院对其管辖的第一审行政案件，认为需要由上级人民法院审判的，应报请上级人民法院决定。

移送管辖是在同级的人民法院之间，将案件由没有管辖权的法院移送到有管辖权的法院；指定管辖是在管辖权的归属或者行使产生疑问时，由上级人民法院决定某一个法院行使具体案件的管辖权；而移转管辖是在管辖权明确的情况下，在上下级人民法院之间转移管辖权的特殊情况。

由于行政诉讼的特殊性，从《行政诉讼法》实施以来的情况看，需要提高管辖法院级别的情况比较多，对此，《最高人民法院关于行政案件管辖若干问题的规定》明确了提级管辖的条件。在该司法解释所规定的前述指定管辖的三种情况下，属于基层人民法院管辖的案件，应当事人要求，或者基层人民法院认为需要，也可能移转到中级人民法院管辖。该司法解释还规定，中级人民法院和高级人民法院管辖的第一审行政案件需要由上一级人民法院审理或者指定管辖的，参照本规定。

三、律师在行政诉讼管辖中需要注意的问题

（一）律师应当明确区分移送管辖、指定管辖和管辖权的转移

尽管《行政诉讼法》对管辖问题作了严格细致的规定，但由于对案件管辖的复杂性，以及法院工作人员对法律的不同理解和当事人认识的局限，不可避免地在该问题上出现争议。为了保障人民法院正确、高效地行使审判权和维护当事人的诉讼权利，《行政诉讼法》在地域管辖和级别管辖外规定了裁定管辖的情形，作为对前两种法定管辖的补充。依照《行政诉讼法》，裁定管辖包括移送管辖（第二十一条）、指定管辖（第二十二条）和管辖权的转移（第二十三条）。必须对这三种管辖的适用范围、适用形式及其区别作一分析，以避免实践操作中对这三种情形的混淆。

根据《行政诉讼法》第二十一条规定，移送管辖是指某一个人民法院受理原告起诉后，发现自己对该行政案件没有管辖权而将案件

主动移送到自己认为有管辖权的法院。“发现”可以是主动发现，也可以是因为当事人提出管辖权异议而发现。无论是主动发现还是因管辖权异议而发现，首先都要符合三个条件：第一，法院已受理了该案件。若尚未受理的，不存在移送管辖，应通知当事人向有管辖权的人民法院起诉。第二，受理案件的法院对案件没有管辖权。第三，受移送案件的法院依法应享有管辖权。这是对移送案件的要求，即不得随意移送。当然受移送法院是否确实享有管辖权，是移送法院根据有关法律规定自己认为的，且是单方行为，不需要经受移送法院的同意。同时，它是程序上的法律行为，要产生程序上的效力，这种效力就是受移送的法院不得拒收、退回或再自行移送，一经法院移送即生效，管辖被确定。这是为了防止法院之间互相推诿。如果移送确有错误，由受移送法院提出意见，报请与移送法院共同的上级法院决定。上一级法院通过指定管辖最后重新确定，未作出决定之前，该行政案件仍属受移送的法院管辖。

对于当事人提出异议的情形，除符合以上三个条件以外，还应在法定期间内（即接到法院应诉通知书之日起十日内）提出，且必须是行政案件的当事人即原告、被告、第三人以书面形式提出。对于当事人提出的管辖异议，人民法院分不同情况予以处理：①对超过法定期间提出的，法院可以不予审查。因为当事人在法定期间未提出异议的，即表明当事人认可了该法院的管辖权而丧失了提出异议的权利。②在法定期间内提出的，经审查认为符合条件，裁定将案件移送；异议不成立，裁定驳回。当事人对裁定不服可以提出上诉。对于主动发现需要移送的，也应该用裁定方式，但不允许上诉。这是最高人民法院《若干问题的解释》第六十三条第三项、第六项规定的。在主动发现并移送的情形中，当事人若对受移送法院的管辖权有异议，也应当允许当事人提出异议，具体操作参见前述。

（二）律师要善于利用管辖权异议

在实践中，律师应当充分利用管辖权异议，为当事人获得最大的利益，取得更大胜诉的可能。如下例，律师便利用了管辖权的异议：

异议人胡某于2009年8月18日向烟台市中级人民法院提起的诉烟台市国土资源局不予为异议人续发采矿许可证暨栖霞市庙后镇政府与烟台市国土资源局共同赔偿一案，贵院于2009年8月26日经审查决定立案审理，并向异议人送达了开庭传票，决定于2009年9月28日在贵院(19)号法庭审理本案。但是，2009年9月9日贵院又向异议人作出指定管辖行政裁定书并送达给异议人。因此，异议人对此裁决书现提出异议，理由如下：①被告烟台市国土资源局为烟台市中级人民法院所属的同级人民政府所属部门，基层人民法院不适宜审理。烟台市中级人民法院(2009)烟行初字第40号行政裁决书，不符合《行政诉讼法》第十四条(三)项、最高人民法院《若干问题的解释》第八条第一项之规定。烟台市中级人民法院指定招远市基层人民法院审理本案裁定不当。因烟台市国土资源局属烟台市中级人民法院同级政府部门，本案属于“本辖区内重大、复杂的案件”，由基层人民法院审理对异议人有失公正。因为基层人民法院作出一审判决，再由与被告同级的烟台市中级人民法院作出终审判决，难以保护异议人的合法权益。②由于烟台市国土资源局、庙后镇政府的行政不作为，未能给异议人续发采矿许可证，给异议人造成巨大的经济损失，异议人自2005年以来，四处上访，音信渺茫，至今不得不采取诉讼的法律途径，深感“民告官，难于上青天”。恳切希望烟台市中级人民法院维护异议人的合法权益。一旦败诉，异议人将上诉于山东省高级人民法院，请求省高院作为第二审为异议人讨回公道。

这个管辖权异议的例子中，胡某为自己争取了权利，如果管辖的法院是烟台市中级人民法院，那么或多或少，法院将会偏向于被告烟台市国土资源局，因为它们的所属关系，就会对原告胡某产生非常不利的影响。胡某通过行使管辖权异议的权利，使得最终管辖的法院能够更公平公正。

(三) 律师应当选择一个利于当事人的法院来管辖

在实践中，律师应当充分利用共同管辖的相关规定，选择一个更有利于当事人的法院来管辖。例如，对限制人身自由的强制措施不服的管辖：根据我国现行《行政诉讼法》第十八条的规定："对限制人身自由的行政强制措施不服提起行政诉讼，由被告所在地或者原告所在地人民法院管辖。"为什么对于被限制人身自由的案件可由原告选择第一审案件的管辖法院呢？这是因为：第一，对于被限制人身自由的原告来说，本来就处于极为不利的地位，允许原告在其所在地起诉，是对原告不利地位的弥补。第二，因为诉讼期间不停止具体行政行为的执行，如果被限制人身自由的案件只能由被告所在地人民法院管辖，往往会出现由于原、被告不在同一地方而产生的原告不能参加诉讼的情形，这对原告是极不公平的。被告所在地就是被告行政机关的所在地，根据《若干问题的解释》第九条第一款的规定，原告所在地包括原告的户籍所在地、经常居住地和被限制人身自由地。综上，律师应当充分考虑当事人的情况，争取一个有利于当事人的法院来管辖，从而保护被限制人身自由的当事人的充分利益。

此外，因不动产提起行政诉讼的管辖，根据《行政诉讼法》第十九条的规定："因不动产提起的诉讼，由不动产所在地的人民法院管辖。"所谓的不动产是相对动产而言的，它是指不能移动或移动后就推动使用价值的实物。比如滩涂、草原、山林、建筑物等土地及其附着物。不论是因对不动产的所有权、使用权引起的行政诉讼，还是因对不动产的处分权、占有权引起的行政诉讼，均应由不动产所在地的人民法院管辖。之所以要把因不动产提起的行政诉讼规定由不动产所在地的人民法院管辖，主要是因为不动产所在地的人民法院对不动产的历史沿革、所有权和使用权的归属以及当地的其他的具体情况都比较清楚，也便于在当地进行实地勘查和搜集证据，有利于查明案件的事实真相，分清是非，及时正确地进行案件的审理工作，便于判决的最终执行等。因此，管辖的法院的选择，对于不动产案件最后的结局，有着很大的影响，律师应当尽可能地为当事人争取到一个适当的法院。

第四章　行政诉讼受案范围

一、律师如何理解行政诉讼受案范围

（一）律师如何理解影响受案范围的因素

行政诉讼的受案范围又称行政诉讼主管，是指人民法院受理一定范围行政争议案件的权限，即确定人民法院与其他国家机关之间在解决行政争议案件上的分工。每一个国家机关都有也只能有一定范围的主管事务。国家机关之间的分工，总的原则由宪法确定，具体的分工，由国家的其他法律来确定。我国宪法规定人民法院是国家的审判机关，行政案件的审判权应由人民法院统一行使，但是行政纠纷案件数量大、种类多，没有必要也不可能都由人民法院受理。大量的行政案件仍由行政机关内部处理，有些行政案件由其他国家机关处理，这样就产生人民法院与行政机关及其他国家机关在受理行政案件权限上的分工问题。从《行政诉讼法》的角度来看，就是人民法院行政审判庭受理行政诉讼案件的范围问题。

行政诉讼的受案范围要由法律、法规作出明确规定，这是行政诉讼的特点，也是行政诉讼与民事诉讼的区别之一。民事诉讼中，只要符合《中华人民共和国民事诉讼法》规定的起诉条件，无论是什么性质的民事纠纷，也无论争议标的大小，人民法院都应受理。而行政诉讼则不同，不是所有的行政纠纷都可以向人民法院起诉，可以向人民法院起诉的行政案件的范围，要由法律作出明确规定。

行政诉讼受案范围既是行政诉讼特有的问题，也是行政诉讼中一个比较重要的问题。所谓特有是指在其他诉讼中并不存在受案范围问题。例如在民事诉讼中，只要双方当事人之间产生纠纷，便可诉诸法院，请求司法保护。行政诉讼之所以要确定受案范围，一是由行政诉讼的局限性及行政争议的广泛性和多样性决定的。并不是行政机关的全部行政行为都可以被起诉,也不是所有的行政案件都通过行政诉讼来解决。二是由我国行政法制的发展水平决定的。行政诉讼的受案范围必须与我国行政法制发展的实际情况和人们对行政诉讼制度的认识水平相适应,不能任意超越历史发展阶段。因此,行政诉讼的受案范围不可能在这一制度建立之初就没有限度,而只能在总结经验、不断提高的过程中逐步扩大。

行政诉讼受案范围决定着司法审判机关对行政主体行为的监督范围,决定着受到行政主体侵害的公民、法人和其他组织诉权的范围,也决定着行政终局裁决权的范围。行政诉讼受案范围的确定,不是立法者主观臆断的任意选择,它受制于多种主客观因素,是一个国家一定时期的政治、经济、文化及法治状况的综合反映。决定行政诉讼受案范围的因素主要有以下几个方面。

1. 行政法理论因素的制约

行政机关实施的哪些行政行为具有可诉性,应当纳入行政诉讼的范围,有赖于对行政机关各种行为性质和特征的认识。因此,行政理论,特别是行政行为的分类理论对行政诉讼受案范围有着重要影响。例如,英国学者一般认为英国不分公私法,对行政机关的公法行为和私法行为不作严格的区别,因此,英国普通法院在普通诉讼中,发现行政机关的行为违法,不论是公法行为还是私法行为,均可进行司法监督。再如美国行政法学理论认为,自由裁量权是行政权的核心,因此对行政机关滥用自由裁量权行为,法院理应进行干预,并奉行"合法性审查原则"。行政行为的种类和性质是行政诉讼范围的决定性因素,由于各国对行政行为的分类和性质认定有所不同,决定了行政诉讼受案范围有一定的区别。我国《行政诉讼法》只规定对具体行政行为可以提起行政诉讼,对抽象行政行为则不能提起行政诉讼,从而确立了我国行政诉讼受案范围的特色。

2. 行政机关行使职权的状况及自我约束状况

如果一个国家行政机关行使职权的状况优良或自我监督的机制比较完善,行政诉讼就不可能成为一种普遍的社会需求;而没有普遍的社会需求,行政诉讼的受案范围也就不可能扩大。因为,完善的制度通常是以不完善的背景为前提的,问题愈严重、愈尖锐,暴露得愈充分，制度才可能变得愈完善。如果一个国家行政机关的自律程度很高，解决争议的能力很强，对行政诉讼的社会需求就会降低，行政诉讼受案范围就会缩小。

3. 司法机关解决行政争议的能力

司法机关解决行政争议的能力通常受以下几个方面因素的影响：司法机关在整个国家机构中的宪法地位；司法机关在公众中的威信；司法机关对行政机关进行有效监督的可能性；司法机关的人、财、物的配置状况，人员素质；等等。上述因素直接或间接影响着司法机关解决行政争议的能力。只有在独立审判权获得法律保障和物质保障的前提下，法院才能真正发挥行政审判职能，提高解决行政争议的能力，行政诉讼的受案范围才会相对扩大，反之则会缩小。

4. 公民权利意识和自主意识发展的程度

公民权利意识和自主意识发展的程度通常是行政诉讼受案范围的决定因素之一。对公民权利的救济只有在公民意识到其权利应当给予救济的时候才可能出现。当人们的民主意识更为成熟、更为普遍、更为强烈时，当广大公民普遍认为行政诉讼制度成为国家、社会及个人生活中必备手段时，行政诉讼制度才会随着时代的步伐而前进，行政诉讼受案范围也才会不断扩张。

5. 国家的权力结构及其各权力机构之间的关系

任何监督的程度和范围都直接或间接地取决于监督者与被监督者间各自的力量及其关系，行政诉讼在本质上是一种监督，它不可避免地要受到行政权、司法权关系的制约。由于行政诉讼中审查行政机关行为的标准是法律，因此，行政诉讼的范围又在客观上受立法机关与行政机关、司法机关三方面关系的制约。立法权、行政权、司法权之间的制约关系通常是扩大行政诉讼范围的契机。

行政诉讼的受案范围受多种因素影响，但主要根据以下原则确定行政诉讼受案范围：第一，从保障公民、法人或者其他组织的合法权益出发，适当扩大人民法院现行受理行政案件范围的原则；第二，正确处理审判权和行政权的关系原则；第三，考虑我国目前的实际情况原则。从发展趋势看，逐步适当扩大行政诉讼受案范围则被公认为是一个基本原则，这是时代发展和社会进步的必然。

（二）律师在司法实践中对受案范围的理解

作为一名律师，应当从以下三个方面理解行政诉讼的受案范围：

首先，对法院而言，受案范围是法院受理案件、解决争议的标准和依据。因为司法权与行政权是两种不同的国家权力，司法机关不能代替行政机关行使行政权，同样，行政机关也不能代替司法机关行使司法权。通常情况下，法院是解决争议的最后途径，但那些属于行政机关自行决定的事项或者政治问题、尚未演化成法律争议的事项，都不适宜法院审查。

其次，对于被告行政机关来说，法院的受案范围意味着它的哪些行为会受到法院的审查和监督。正是由于行政权与司法权的区分，使得一部分行政权力游离于法院监督的范围之外，例如行政机关实施的政治性和政策性的行为、纯技术性的行为、高度人性化的判断等均不适宜由法院审查，而要靠其他途径来监督。

最后，对于公民、法人和其他组织而言，行政诉讼的受案范围意味着他们可以对哪些行政行为提起行政诉讼，在哪些情况下他们的权益能够获得司法保护。向法院提起行政诉讼是法治国家的宪法和法律赋予公民、法人和其他组织的一种权利，但这种权利通常要受到不同程度的限制。如果法律没有将某种争议纳入行政诉讼的范围，相对人就没有向法院起诉的权利。因此，受案范围决定了公民、法人或其他组织的诉权大小以及行使诉权的条件。

二、我国行政诉讼受案范围的具体规定

我国《行政诉讼法》以及2000年实施的最高人民法院《若干问题的解释》对行政诉讼的受案范围问题作了明确的规定，从总体上规定行政机关侵犯公民、法人或者其他组织的人身权、财产权的行政职权行为属于人民法院受理行政诉讼案件的范围。具体地说，我国法律从概括、列举、排除三个层次作了规定。

（一）概括式规定

我国《行政诉讼法》第二条规定：“公民、法人或者其他组织认为

行政机关和行政机关工作人员的具体行政行为侵犯其合法权益，有权依照本法向人民法院起诉。”这是一项概括的规定。

《若干问题的解释》在受案范围规范模式上发生了根本性变化，针对行政审判实践中的问题对《行政诉讼法》作了更加符合立法原意和审判需要的解释，是对《行政诉讼法》所作的一次革命性修改。其第一条规定：“公民、法人或者其他组织对具有国家行政职权的机关和组织及其工作人员的行政行为不服，依法提起诉讼的，属于人民法院行政诉讼的受案范围。”

（二）列举式规定

《行政诉讼法》第十一条第一款第一项到第七项概括列举了七类由人民法院受理的行政案件。这七项中的每一项都概括的是一类案件，因此，对于这七类案件来说，其确定方式是概括式的。但是从确定行政诉讼受案范围的整体方式看，还不是真正的概括式，而只是将单行法律、法规列举式转变为《行政诉讼法》统一列举。通过列举，人民法院对行政案件的受案范围有了显著的扩大，这对于保护公民、法人或者其他组织的合法权益具有重要的作用。

《行政诉讼法》规定的七类案件主要是公民、法人或者其他组织认为行政机关的具体行政行为侵犯其人身权、财产权的案件。

1. 行政处罚案件

行政处罚是指国家行政机关依法惩戒违反行政法律规范的行政管理相对人的行为。它通过对违法者的人身或财产施以直接的强制，使其承担某种义务或者使其财产受到某种损害来达到制裁违法者的目的。从行政处罚的实施情况看，较其他具体行政行为而言，行政处罚有三个特点：

（1）依法有权实施行政处罚的行政机关较多，如工商、公安、税务、环保、卫生、计量、海关、城建等行政机关都普遍拥有行政处罚权。随着现代行政管理日趋复杂化、多元化，有些过去没有行政处罚权的行政机关现在也能行使处罚权，如教育行政主管机关、档案管理机关、统计机关等，而形成几乎所有的行政机关都有行政处罚权的情况。

（2）行政处罚的种类很多，除前述拘留、罚款等处罚方式外，还有警告、责令限期治理、责令停产停业、没收非法所得，对外国人还可以限期出境或者驱逐出境等。行政处罚的分类有警戒性处罚、财产性处罚、对人身的处罚和对行为的处罚。行政诉讼法列举了几种较为常见的行政处罚，并通过助词“等”表示列举未尽，将所有的行政处罚都纳入行政诉讼的受案范围。

（3）实施行政处罚的数量多。行政处罚已经被行政机关作为其进行行政管理的一个极为重要的手段，行政机关每年要作出大量的行政处罚。

2. 行政强制措施案件

行政强制措施，指行政机关在行政管理活动中，依其职权采取强制手段对特定的行政管理相对人暂时限制其行使某些权利或者强制其履行某种义务的行为。

根据行政强制措施针对客体的不同，可以将其分为两大类：限制人身自由的行政强制措施和限制财产权的行政强制措施。前者是指行政机关采取强制手段暂时限制公民的人身自由的具体行政行为，后者则是指行政机关采取强制手段暂时限制公民、法人或者其他组织的财产流转的具体行政行为，包括查封、扣押、冻结等强制手段。

行政处罚和行政强制措施都是行政机关进行行政管理的重要手段，虽然两者都属于行政诉讼的受案范围，但《行政诉讼法》对行政处罚和行政强制措施在管辖和判决部分有不同规定，因此，应注意行政处罚与行政强制措施的联系和区别。行政处罚与行政强制措施的相同点在于，两者都是对相对人的人身和财产施以一定的强制，使其不能自由处分。两者的区别在于：第一，性质上，行政处罚是一种处罚，是对违法者的惩戒，其实质是剥夺相对人的某种权利。而行政强制措施是在紧急或者特殊情况下，出于维护社会公共利益和行政管理的需要，为防止和制止违法而作出的，其实质是限制相对人的某种权利。第二，效果上，行政处罚是结论性的，是对相对人权利的最终处分，而行政强制措施是临时性的，是对相对人权利的暂时限制。第三，对象上，行政处罚只能针对违法者，行政强制措施可以针对违法者,也可以针对违法的嫌疑者即暂时还不能确定是否违法的公民、法人或者其他组织,甚至还可以针对明知没有违法的当事人,如对传染病染疫人所采取的“隔离”措施。第四,种类上,行政处罚的种类有人身处罚、财产处罚、行为处罚和警戒性处罚,而行政强制措施只有对人身和财产采取的措施。第五,程序上,行政处罚的程序较为严格,而行政强制措施的程序比较简便,即时性强。《行政诉讼法》除了在受案范围部分对行政处罚和行政强制措施作了分别列举之外,对行政处罚与行政强制措施还有两个不同规定:

其一,对行政处罚可以进行合理性审查,可以判决变更;对行政强制措施只能进行合法性审查,不能判决变更。

其二,在管辖上,对行政处罚提起的诉讼,只能由被告所在地人民法院管辖;对限制人身自由的行政强制措施提起的诉讼,可以由原告选择原告所在地或者被告所在地人民法院管辖。

3. 侵犯经营自主权案件

经营自主权是指企业或者其他经济组织依法享有的自主使用自己的人、财、物,自行组织产、供、销等方面的权利。根据有关法律规定,经营自主权的范围很广泛,包括生产计划权、产品销售权、物资选购权、产品劳务定价权、进出口权、投资决策权、留用资金支配权、资产处置权、联营兼并权、劳动用工权、人事管理权、工资奖金分配权、内部机构设置权、拒绝摊派权等。城乡各种形式的承包经营权也属于经营自主权。经营自主权的核心是企业独立自主决定其经营事务的权利。

对这类案件起诉,除应具备提起行政诉讼的一般条件外,还要注意:①可以提起行政诉讼的,必须是属于行政机关侵犯经营自主权的行为,不包括其他国家机关或者党派、团体、组织侵犯经营自主权的行为或者上级企业侵犯下级企业经营自主权的行为。②必须是侵犯企业或者其他经济组织依法享有的经营自主权,即经营自主权必须是法律、法规所明确规定的。

4. 申请颁发许可证和执照案件

按照《中华人民共和国行政许可法》(2003 年颁布)的规定,行政许可是指行政机关根据公民、法人或者其他组织的申请,经依法审查,准予其从事特定活动的行为。该法第三十九条所规定的行政许可证件,可看作是对行政许可形式的规定。依此规定,行政许可包括:许可证、执照或者其他许可证书;资格证、资质证或者其他合格证书;行政机关的批准文件或者证明文件;法律、法规规定的其他行政许可证件,以及行政机关实施检验、检测、检疫的,在检验、检测、检疫合格的设备、设施、产品、物品上加贴的标签或者加盖检验、检测、检疫印章。因此,一些法律、法规规定公民、法人或者其他组织从事某种活动必须取得行政机关的"许可",并没有要求行政机关颁发书面的证书,这种许可行为,也应属于国家许可证制度的范围。

根据《行政诉讼法》的规定,行政机关的违法状态有两种:

(1) 公民、法人或者其他组织认为符合法定条件申请行政机关颁发许可证和执照,行政机关拒绝颁发,即行政机关明确表示不同意。这是行政机关作为的行政行为,即积极的行政行为。依据《行政诉讼法》的规定,要从主要证据是否充分,适用法律法规是否正确,是否违反法定程序,是否滥用职权,是否超越职权五个方面进行合法性审查。

(2) 公民、法人或者其他组织认为符合法定条件申请行政机关颁发许可证和执照,行政机关不予答复。行政机关不予答复,指行政机关既不表示同意,也不表示不同意,而是一直处于"研究研究"的不确定状态,包括行政机关表示同意而拖延不办。行政机关这种不履行、拖延履行法定职责的状态,属于不作为的违法。

5. 申请履行保护人身权、财产权的法定职责案件

人身权是指与自然人的人身和法人或者其他经济组织实体不可分离的无直接财产内容的权利,它包括公民享有的生命权、健康权、人身自由权、姓名权、名誉权、肖像权;法人和其他组织享有的名称权、名誉权、荣誉权等。财产权指涉及财产内容的民事权利,包括财产所有权、债权、继承权,与财产有关的使用权、经营权等。人身权、财产权遭受侵害的情形主要有三种:第一,人身权、财产权正遭受被侵害的威胁,如被某工厂除名的职工扬言要报复厂长并正在为此准备凶器;第二,人身权、财产权正在遭受不法侵害,如鱼塘、农田正遭受化工厂废水污染,妇女、儿童正在被人贩子拐卖;第三,不法

侵害已经结束，被侵害人要求行政机关保护，如因医疗事故死亡的病员的家属要求卫生局处理医疗事故，某渔农承包的鱼塘被哄抢要求有关机关处理等。

6. 申请发给抚恤金案件

抚恤金是指由国家依法发给因公伤残或者牺牲的军人、国家机关工作人员、参战民兵、民工等伤残者本人或者死者家属的费用。有革命残废军人残废金，革命军人牺牲、病故抚恤金，职工伤亡抚恤金。

依据《行政诉讼法》规定，公民对此提起行政诉讼必须注意两点：其一，必须是法律、法规明确规定应当依法发给的抚恤金以及其他费用。其二，必须是行政机关没有依法发给抚恤金或其他费用的行为，不包括企业、事业单位等应当发给而没有发给的行为。而公民申请发给抚恤金，行政机关的违法状态有三种：第一，拒绝发给公民抚恤金；第二，没有依法发给公民抚恤金；第三，拖延发给或者对公民的申请不予答复。

7. 违法要求履行义务案件

行政机关违法要求履行义务，是指行政机关违反法律、法规的规定要求公民、法人或者其他组织履行某种义务的具体行政行为。这里的违法，主要指实体违法，如行政机关要求公民、法人或者其他组织履行法律、法规未规定的义务，或者履行已经免除了的义务，或者已经履行了义务再次要求履行的等多种情况；有时也指程序违法。履行的义务包括给付财、物，也包括给付一定的行为。

（三）排除式规定

《行政诉讼法》第十二条对于某些不属于人民法院受案范围的行政案件作了明确的排除式规定。对于行政诉讼受案范围以外的案件，行政机关实际上是拥有终局裁决权的，因此《行政诉讼法》本无必要再作此排除规定。《行政诉讼法》作此规定，一方面，是为了更进一步明确不属于行政诉讼受案范围的内容；另一方面，也是为了对于极少数依前述概括列举和补充列举规定属于行政诉讼受案范围的案件，加以排除。《行政诉讼法》规定，人民法院不受理公民、法人或者其他组织对下列事项提起的诉讼。

1. 国防、外交等国家行为

国家行为，指政府以国家名义作出的，不涉及特定的个人和组织的有关国与国之间的关系、国家安全，以及国家利益和重大公共利益的行为。如战争、军事演习、与外国建交、断交、签订国际条约等行为。根据《中华人民共和国宪法》（以下简称《宪法》）第八十九条第十六项的规定，国务院有权决定在省、自治区、直辖市的范围内部分地区实行戒严，这种行为关系国家重大利益，也属国家行为。国家行为主要包括两类：一类是有关国防的国家行为，另一类是有关外交的国家行为。我国最高国家行政机关国务院及其所属部门如国防部、外交部等在某些情况下有权代表国家以国家的名义实施国防、外交行为。国家行为具有保密、迅速等特点，为保障行政机关有效地行使职权，更好地维护国家利益，《行政诉讼法》将其排除于受案范围。

2. 行政法规、规章或者行政机关制定发布的具有普遍约束力的决定、命令

这是指行政机关作出的抽象行政行为。抽象行政行为是行政机关针对将来要发生的，不以特定的人或者特定的事为对象的，具有普遍约束力的行为。根据我国宪法、有关组织法的规定，审查行政机关抽象行政行为是否合法的权限，属于全国人民代表大会常务委员会、地方各级人民代表大会和作出抽象行政行为的行政机关的上级行政机关。例如《宪法》第六十七条第七项规定，全国人民代表大会常务委员会有权“撤销国务院制定的同宪法、法律相抵触的行政法规、决定和命令”。《行政诉讼法》作了与《宪法》和有关组织法相一致的规定，明确人民法院不受理对抽象行政行为提起的诉讼。

3. 行政机关对行政机关工作人员的奖惩、任免等决定

行政机关对行政机关工作人员进行奖惩、任免，是行政机关为完成一定的行政工作任务、提高行政工作效率，在对其工作人员进行内部管理时所采取的行政措施和手段，属于行政机关的内部行政行为。行政机关的内部行政行为，是指行政机关作用于内部、作用于下级行政机关之间以及与其有隶属关系的行政工作人员的行政

行为。行政机关内部行政行为是否可诉，受德国行政法上特别权力关系理论的影响，而有不同观点。依我国《行政诉讼法》的规定，行政机关工作人员不服有关行政机关奖惩、任免等决定，是按行政程序，通过向上级行政机关或者监察部门、人事部门提出申诉解决的。《行政诉讼法》将行政机关的内部行政行为与作用于公民、法人或者其他组织的外部行政行为加以区别，明确将其排除于受案范围。

4. 法律规定由行政机关最终裁决的具体行政行为

《行政诉讼法》的受案范围采取立法的方式加以明确规定，而受案范围以外的行政行为，公民、法人或者其他组织不能向人民法院起诉，行政机关实际上拥有最终裁决的权力，无须《行政诉讼法》再加以规定。法律规定由行政机关最终裁决的具体行政行为是指本属于行政诉讼受案范围而由单行法律作排除列举，明确由行政机关作最终裁决的行为。行政诉讼法的这一规定是对这些单行法律规定的确认。

行政终局裁决权只能由法律加以规定，行政机关自己不能设定行政终局裁决权。由于行政终局裁决权的特别规定涉及对公民、法人或者其他组织行政起诉权的限制或者剥夺，而此项行政诉权是由全国人民代表大会制定的基本法律——《行政诉讼法》所明确授予的，因此，对行政诉讼受案范围内的具体行政行为，只有法律才能规定行政机关有终局裁决权。这里的法律仅指全国人民代表大会及其常务委员会按立法程序制定、通过和颁布的规范性文件。行政法规、规章等不能作出终局裁决权的规定，行政机关不得自行规定终局裁决权以剥夺相对人的起诉权。因此，法规或者规章规定行政机关对某些事项可以作“最终裁决”，公民、法人或者其他组织不服行政机关依据这些法规或者规章作出的“最终裁决”，依法向人民法院提起诉讼的，人民法院应予受理。

法律规定由行政机关最终裁决某些具体行政行为，或者是由于这些具体行政行为的专业性特点，或者是由于即时性要求，或者是由于作出这些具体行政行为主体的特殊性，而在立法上明确排除人民法院对这些具体行政行为的司法审查权。目前，我国法律关于行政机关最终裁决权有以下规定：

(1)《外国人入境出境管理法》第二十九条第二款规定:"受公安机关罚款或者拘留处罚的外国人,对处罚不服的,在接到通知之日起十五日内,可以向上一级公安机关提出申诉,由上一级公安机关作出最后的裁决,也可以直接向当地人民法院提起诉讼。"《中国公民出境入境管理法》也有类似规定。

(2)《中华人民共和国行政复议法》(以下简称《行政复议法》)第十四条规定:"对国务院部门或者省、自治区、直辖市人民政府的具体行政行为不服的,向作出该具体行政行为的国务院部门或者省、自治区、直辖市人民政府申请行政复议。对行政复议决定不服的,可以向人民法院提起行政诉讼;也可以向国务院申请裁决,国务院依照本法的规定作出最终裁决。"

(3)《行政复议法》第三十条规定:"公民、法人或者其他组织认为行政机关的具体行政行为侵犯其已经依法取得的土地、矿藏、水流、森林、山岭、草原、荒地、滩涂、海域等自然资源的所有权或者使用权的,应当先申请行政复议;对行政复议决定不服的,可以依法向人民法院提起行政诉讼。根据国务院或者省、自治区、直辖市人民政府对行政区划的勘定、调整或者征用土地的决定,省、自治区、直辖市人民政府确认土地、矿藏、水流、森林、山岭、草原、荒地、滩涂、海域等自然资源的所有权或者使用权的行政复议决定为最终裁决。"依此规定,在涉及自然资源的所有权或者使用权纠纷时,如果该自然资源的所有权或者使用权在纠纷发生之前就已经有行政机关具体行政行为的确认,则当事人可以申请行政复议,对行政复议不服时可以提起行政诉讼。如果基于国务院或者省、自治区、直辖市人民政府对行政区划的勘定、调整或者征用土地的决定而产生的纠纷,则省、自治区、直辖市人民政府确认自然资源的所有权或者使用权的行政复议决定为最终裁决,当事人不服时不能提起行政诉讼。

三、律师在行政诉讼受案范围中要注意的问题

(一)注意具体行政行为与抽象行政行为的区分

我国《行政诉讼法》明确规定,只有对具体行政行为不服才能提

起行政诉讼,抽象行政行为不在法院受理行政案件的范围之内。因此,注意辨别具体行政行为与抽象行政行为是参加诉讼的律师首先要考虑的问题。

具体行政行为和抽象行政行为是以行为功能的不同以及对象的不同为标准而划分的种类,是行政法学中对行政行为的一种最基本的分类。所谓具体行政行为,是指行政主体在日常行政管理活动中基于行政职权或职责所实施的、能直接影响特定相对一方权利义务的作为或不作为。作为如行政奖励、行政许可、行政确认、行政处罚、行政强制、行政裁决、行政复议等,不作为如行政机关对公民、法人或其他组织要求保护其权利的申请不予理睬等。最高人民法院《关于贯彻〈中华人民共和国行政诉讼法〉若干问题意见(试行)》(以下简称《若干问题意见》)把具体行政行为解释为:"国家行政机关和行政机关工作人员、法律法规授权的组织、行政机关委托的组织或个人在行政管理中行使行政职权,针对特定的公民、法人或者其他组织,就特定的具体事项作出有关该公民、法人或其他组织权利义务的单方法律行为。"笔者认为,这一解释不失为律师在行政诉讼中需要掌握的辨别具体与抽象行政行为的标准。

所谓抽象行政行为,是指行政主体针对不特定的对象设定或规定具有普遍约束力的行为。如行政机关制定行政法规、规章,进行法律解释,发布各种规范性文件等。抽象行政行为有三个特征:其一,行为对象是不特定的,如北京市政府发文规定,凡是排气量1升以下的汽车均分单双号进入市区;其二,内容是可以反复适用的,抽象行政行为对于同一对象或同类对象可以反复多次适用并产生效力,如高速公路收费的规定,凡是使用高速公路的人每次均需按该规定交纳费用;其三,效力是向后发生的,法律、法规等规范性文件一般不溯及既往,只对以后的人和事产生效力,而具体行政行为则相反,是对以前的人和事的处理。

律师在司法实践中区分具体行政行为和抽象行政行为最根本的是看行政行为所针对的人和事是否是特定的。但特定和不特定是相对而言的,例如,某市规划局要求某小区居民拆除违章建筑的通告,对小区居民而言是不特定的,而对于全市又是特定的。因此,律师要判断某一行政行为是具体还是抽象不仅要看该行为是否普遍，还要看该行为适用范围界限如何。

（二）律师应当准确地把握可诉性行为的主体范围

根据《行政诉讼法》第二条的规定，可诉行为的主体范围，仅指行政机关和行政机关工作人员。《若干问题意见》第一条将可诉行为的主体明确为行政机关和行政机关工作人员、法律法规授权的组织、行政机关委托的组织或者个人。而《若干问题的解释》将可诉行为的主体范围确定为“具有国家行政职权的机关和组织及其工作人员”。之所以采取这样一种表述方法，主要是基于以下几种考虑：一是这种表述更具有概括性。可诉行为的主体，既包括机关也包括不具有机关法人资格的组织；既包括具有法定行政职权的机关，也包括法律、法规授权的组织，还包括行使行政职权的工作人员。二是这种表述更能体现可诉行为主体的实质。不管是组织、机关或者个人，能否成为行政行为的主体，关键在于是否具有国家行政职权。之所以用“国家行政职权”，是为了与私权尤其是与一般社会组织和企业的行政管理权相区别。因为通常所说的行政，既包括国家的行政管理，也包括社会组织和企业的行政管理，也就是说，既包括基于公共权力而实施的行政管理活动，也包括基于私权而实施的行政管理活动。为了将拥有非国家行政职权的主体排除出去，有必要使用“国家行政职权”的概念。三是为了避免一些不必要的争议。在实践中，有的行政行为是由不具有机关法人资格的行政机关的内设机构、派出机构或者临时机构作出的，而有的法院因为上述机关不具有机关法人资格而认为上述机构所作出的行为不是可诉行为，从而导致行政相对一方当事人的权益得不到救济。

（三）律师必须准确地把握行政行为的内涵和外延

关于行政行为的概念，学术界曾经有不同的理解。《若干问题的解释》虽然没有给行政行为一个完整的定义，但从第二款所排除的情形来看，本解释所指行政行为，是指具有国家行政职权的机关、组织及其工作人员，与行使国家行政职权有关的，对公民、法人或其他组织的权益产生实际影响的行为以及相应不作为。对行政行为作出这样的解释或界定，主要是考虑到以下几个方面的原因：其一，《行政诉讼法》第十一条所列举的行政行为，不仅包括法律行为，而且包括非法律行为；不仅包括单方行为，而且包括双方行为。也就是说，《行政诉讼法》既没有将行政行为确定为单方行为，也没有将行政行为限定为法律行为。其二，《中华人民共和国国家赔偿法》(以下简称《国家赔偿法》)在确定行政赔偿范围的时候，使用的概念是与行使行政职权有关的行为。也就是说，只要某一个行为与行使国家行政管理职权有关，就属于国家行政赔偿的范围。其三，随着国家管理职能的扩大，行政行为方式也将逐步增加，行政行为的内容将会越来越丰富，行政行为的内涵和外延也将随之发展。其四，广义的行政行为的概念已经成为行政法学界的共识，新近出版的教科书大都采用广义行政行为的概念。

(四) 科学理解人身权、财产权之外的行政行为

依照《行政诉讼法》第十一条的规定，法院受理的因具体行政行为产生的诉讼，主要是涉及人身权、财产权的案件，涉及人身权、财产权之外的行政案件，必须要有法律、法规的明确规定才能起诉。由此自然产生一个问题：大量的涉及人身权、财产权之外的具体行政行为，由于相关的法律、法规没有规定可以提起行政诉讼，因而其不属于《行政诉讼法》第十一条所规定的可诉性行政行为，从而使其难以受到有效的司法监督。虽然根据《若干问题的解释》第一条第一款的规定，“公民、法人或其他组织对具有国家行政职权的机关和组织及其工作人员的行政行为不服，依法提起诉讼的，属于人民法院行政诉讼的受案范围”，然而，法律的效力毕竟高于司法解释，更何况《若干问题的解释》又同时规定了受案范围的排除条款，因此，我国行政诉讼受案范围的狭窄可见一斑。

我国《行政诉讼法》规定，除上文提及的七类案件以外，只要属于行政机关侵犯公民、法人或者其他组织人身权、财产权的行为，均在人民法院受案范围之内。这一理解在行政诉讼法学理论和实践中均已达成共识。人身权、财产权的范围很广，上文七项列举了人

身权、财产权的主要内容，但难以列举齐全，例如人身权方面还有生命权、健康权、姓名权、名称权、肖像权、荣誉权、名誉权、婚姻自由权等，财产权方面还有物权（包括所有权、地上权、地役权、抵押权、质权、留置权、典权等）、债权、继承权、专利权、商标权、著作权等。

《行政诉讼法》这一兜底的规定，将凡是侵犯相对人人身权、财产权的具体行政行为都归入受案范围，既突出了前面所列的七项内容，又避免了具体列举方式挂一漏万的弊端，体现了《行政诉讼法》对公民、法人或者其他组织的人身权、财产权的充分保护。譬如无论如何对《行政诉讼法》第十一条第一款第六项中的"抚恤金"作扩大解释，都难以将公民从社会取得物质帮助的权利全部包括在受案范围之中，此项规定则可以将其他单行法律、法规所具体规定的公民从社会取得物质帮助的权利都包括在受案范围之中。又如，无论怎样对《行政诉讼法》第十一条第一款第四项所规定的许可证、执照作扩大解释，都难以将实践中出现的公民要求行政机关进行婚姻登记、更改户籍年龄、转粮油关系等案件包括进去，此项规定也可以将这类案件包括在受案范围之中。

因此，律师在实务中，可以充分利用《行政诉讼法》第十一条第二款的规定，该条款规定"除前款规定外，人民法院受理法律、法规规定可以提起行政诉讼的其他行政案件"。这一规定肯定了单行法律、法规对行政机关作出的涉及人身权、财产权以外的其他权利的具体行政行为属于受案范围的列举，因而是对《行政诉讼法》第十一条第一款概括列举的补充。这一规定包括两层含义：

其一是追认性。承认《行政诉讼法》制定时有关法律、法规对上述人身权、财产权以外的行政案件的列举。即《行政诉讼法》实施以前，单行法律、法规规定相对人对除上述第一款规定范围以外的行政行为可以提起行政诉讼，则其规定仍然有效。依此规定，《行政诉讼法》实施时法律、法规规定当事人对行政机关作出的涉及人身权、财产权以外的其他权利的具体行政行为不服，可以向人民法院起诉，人民法院应予受理。

其二是授权性。以后制定的法律、法规可以列举现行《行政诉讼法》受案范围以外的行政案件。依此规定，行政诉讼的受案范围可以随着新的法律、法规的颁布而在现有基础上扩大，即突破《行政诉讼法》立法时的范围，从而适应逐步扩大人民法院受案范围的需要。

（五）律师应科学把握行政诉讼受案范围的判定标准

按照《若干问题的解释》第一条、第二条的规定，行政诉讼受案范围可以通过以下三个方面来判定：

（1）所诉的行政行为是否为具有国家行政职权的机关、组织及其工作人员作出的与行使国家行政职权有关的行为以及相应不作为。这里的“行政行为”，又称可诉行政行为，是指具有国家行政职权的机关、组织及其工作人员作出的，与行使国家行政职权有关的，对公民、法人或其他组织的权益产生实际影响的行为以及相应的不作为。实践中正确把握行政诉讼受案范围，既要注意准确把握可诉行政行为的内涵与外延，更要注意准确把握可诉行政行为的主体范围。按《行政诉讼法》规定，可诉行政行为（具体行政行为）的主体范围，仅限于行政机关和行政机关工作人员。基于国家管理职能的扩大和行政主体多元化这一实际情况，《若干问题的解释》将可诉行政行为的主体范围确定为“具有国家行政职权的机关和组织及其工作人员”。其主体既包括具有国家行政职权的行政机关或其内设机构、派出机构，也包括法律法规授权的具有国家行政职权的组织，还包括行政机关和组织中行使国家行政职权的工作人员。实践中，只要行政相对人对上述行政主体作出的对其权益产生实际影响的行政行为不服，依法提起诉讼的，均属于行政诉讼的受案范围。

（2）所诉的行政行为是否与起诉者本人有法律上利害关系或者产生其他实际影响。根据《若干问题的解释》第十一条至第十三条的规定，与具体行政行为有法律上利害关系的公民、法人或者其他组织对该行政行为不服的，可以依法提起行政诉讼。上文所述有下列情形之一的，公民、法人或者其他组织可以依法提起行政诉讼：①被诉的具体行政行为涉及其相邻权或者公平竞争权的；②与被诉的行政复议决定有法律上利害关系或者在复议程序中被追加为第三人的；③要求主管行政机关依法追究加害人法律责任的；④与撤销或者变更具体行政行为有法律上利害关系的。此外，如果公民因被限制人身自由而不能提起诉讼的，其近亲属可以依其口头或者书面委托以该公民的名义提起行政诉讼。

(3) 是否属于《若干问题的解释》规定的不可诉行为。按《若干问题的解释》第一条第二款规定，不可诉行为即不属于行政诉讼受案范围的行为包括以下六个方面：

第一，《行政诉讼法》第十二条规定的行为。其包括：①国家行为，即国务院、中央军委、国防部、外交部等根据宪法和法律授权，以国家的名义实施的有关国防和外交事务，以及经宪法和法律授权的国家机关宣布紧急状态、实施戒严和总动员等行为；②抽象行政行为，即各级行政机关在其职责范围内制定和发布行政法规、规章以及其他具有普遍约束力的决定、命令的行为；③内部行政行为，即行政机关对行政机关工作人员的奖惩、任免等行为；④终局裁决行为，即法律规定由行政机关作出最终裁决的具体行政行为。

第二，公安、国家安全等机关依照《中华人民共和国刑事诉讼法》(以下简称《刑事诉讼法》)的明确授权实施的行为。此类行为在我国又称为刑事司法行为。这里的“等机关”，除公安机关、国家安全机关外，目前仅限于海关、军队保卫部门和行使监狱管理职权的机关。这里的“依照《刑事诉讼法》的明确授权实施的行为”，是指依照《刑事诉讼法》有关规定及明确授权，所实施的侦查、拘留、执行逮捕、预审、拘传、通缉、搜查、扣押物证书证、冻结存款汇款、取保候审、监视居住、保外就医等刑事司法行为。由于《刑事诉讼法》已经授权检察机关对刑事侦查等刑事司法行为进行监督，同时根据《国家赔偿法》规定，因刑事司法行为违法而致人损害的，受害人可以通过刑事赔偿程序获得救济，因而即使受害人对此类行为不服的，也没有必要通过行政诉讼程序解决救济问题。

第三，调解行为以及法律规定的仲裁行为。这里的“调解行为”，是指行政机关及其工作人员在进行行政管理的过程中，对平等主体之间的民事争议，在当事人双方自愿和尊重其意愿的基础上所作出的一种处理行为。由于调解行为的生效与否取决于当事人双方的意愿，如果当事人对此调解行为持有异议的，其完全可以拒绝在调解协议上签字，因而无须通过行政诉讼程序解决。这里的“仲裁行为”，是指行政机关或法律授权的组织，根据法律以及法律性文件的授权，依照法定的仲裁程序，对劳动争议或其他民事争议进行处理的行为。如根据《中华人民共和国劳动法》的规定，劳动争议发生后，当事人可以向劳动争议仲裁委员会申请仲裁，对仲裁裁决行为不服的，依法可以提起民事诉讼，但不得提起行政诉讼。

第四，不具有强制力的行政指导行为。所谓“行政指导行为”，是指行政机关在进行行政管理过程中，依其职责作出的符合法律精神、原则、规则或政策的训导、劝告、建议等行为。行政指导行为不具有强制性，即不具有当事人必须履行的强制力和法律效果。同时当事人对行政指导行为具有选择自由，既可以按此去做，也可以不按此去做，是否违反该行为都不会给当事人带来不利的法律后果，因此无须将其纳入行政诉讼受案范围。

第五，驳回当事人对行政行为提起申诉的重复处理行为。这种行为又称为重复处置行为，是指行政机关所作出的没有改变原有行政法律关系、没有对当事人的权利义务发生新的影响的行为。现实中，当事人因对属于历史遗留问题的行为不服，或者对已超过申请行政复议或诉讼时效期间的行政行为不服，或者对具有终局裁决权的行政行为不服，向行政机关提起申诉，行政机关经审查，维持原有行政行为驳回其申诉的，均属此类行为。按《若干问题的解释》第一条第二款的规定，即使当事人不服此类行政行为，也不得提起行政诉讼。

第六，对公民、法人或者其他组织权利义务不产生实际影响的行为。这类行为包括尚未成立的行政行为和还在行政机关内部运作的行为，以及其他对行政相对人权利义务不产生实际影响的行为。由于此类行为不可能对行政相对人的权利义务产生不利影响，因此没有必要将其列入行政诉讼受案范围。

第五章　行政诉讼参加人

一、律师如何科学理解诉讼参加人问题

行政诉讼参加人是行政当事人和诉讼代理人的总称。行政诉讼参加人，是指与被诉具体行政行为有法律上的利害关系而依法起诉、应诉或参加到行政诉讼过程中，对行政诉讼程序产生重大影响的行政主体以及公民、法人或者其他组织，包括当事人和类似当事人诉讼地位的诉讼代理人。

根据《行政诉讼法》的规定，行政诉讼参加人包括原告、被告、第三人和诉讼代理人。其中，原告、被告、第三人与诉讼争议或诉讼结果有直接利害关系，是行政诉讼最核心的参加人员，是诉讼当事人。诉讼代理人与诉讼争议或诉讼结果没有直接利害关系，但其参加诉讼是为了被代理的当事人的利益，因而具有类似于当事人的诉讼地位。诉讼代理人包括法定代理人、指定代理人和委托代理人。

行政诉讼当事人是指因具体行政行为发生争议，以自己的名义起诉、应诉或参加诉讼，并受人民法院裁判拘束的行政主体以及公民、法人或者其他组织。在行政诉讼中，当事人具有极其重要的地位，在任何诉讼阶段都不可或缺，因为行政争议是发生在当事人之间的争议，只有通过当事人的积极参加，行政诉讼活动才能得以顺利进行，行政争议才能得到公正解决。

当事人在诉讼的不同阶段有不同的称谓。在第一审程序中，当事人的称谓是原告、被告、第三人；在第二审程序中，他们被称为上诉人、被上诉人；在执行程序中，被称为申请执行人和被申请执行人。当事人的称谓不同，表明他们在不同的诉讼阶段，相应地享有不同的诉讼权利和承担不同的诉讼义务。在一般情况下，人们常用第一审程序的称谓来概括当事人的范围，把原告、被告视为狭义上的当事人。

行政诉讼当事人具有以下特征：

（1）当事人同争议中的具体行政行为具有利害关系。原告因为受到具体行政行为侵犯提起诉讼，并期望人民法院审查具体行政行为的合法性，恢复和保护其合法权益；被告参加诉讼是为了维护行政机关代表的国家公共利益和正确合法的具体行政行为。如果具体行政行为被人民法院判决撤销，就说明行政机关作出具体行政行为有违法的问题，并将承担相应的法律责任。

（2）以自己的名义参加诉讼。当事人为了自己的权益参加诉讼，就必须以自己的名义进行诉讼活动。以他人的名义为了他人的权益参加诉讼，是诉讼代理人而不是当事人的法律特征。

（3）当事人是受人民法院裁决约束的人。这是当事人与其他诉讼参与人的重要区别。由于当事人是行政争议的主体，而法院的裁决是针对争议所作出的，所以，当事人要接受法院裁决的约束。

（4）当事人具有一定的稳定性。由行政诉讼的性质所决定，行政诉讼的原告只能是行政法律关系中作为相对人的公民、法人或者其他组织，而被告是作出引起争议的具体行政行为的行政机关或者法律授权的组织。这是诉讼当事人与民事当事人的区别之一。

二、我国对于行政诉讼参加人的立法规定

（一）原告

我国《行政诉讼法》第二条规定："公民、法人或者其他组织认为行政机关和行政机关工作人员的具体行政行为侵犯其合法权益，有权依照本法向人民法院提起诉讼。"第二十四条规定："依照本法提起诉讼的公民、法人或者其他组织是原告。"第四十一条规定："原告是认为具体行政行为侵犯其合法权益的公民、法人或者其他组织。"《若干问题的解释》第一条规定："公民、法人或者其他组织对具有国家行政职权的机关和组织及其工作人员的行政行为不服，依法提起诉讼的，属于人民法院行政诉讼的受案范围。"第十二条规定："与具体行政行为有法律上利害关系的公民、法人或者其他组织对该行为不服的，可以依法提起行政诉讼。"

综合上述法律、司法解释的规定，可以大致归纳出我国行政诉讼原告的基本含义：行政诉讼原告，即指对具有国家行政职权的机关和组织及其工作人员作出的具体行政行为不服，认为该具体行政行为侵犯其合法权益，与该具体行政行为有法律上的利害关系，依法以自己的名义向人民法院提起诉讼的公民、法人或其他组织。

（二）被告

根据《行政诉讼法》第二十五条规定：公民、法人或者其他组织依法直接向人民法院提起诉讼的，作出具体行政行为的机关是被告。经复议的案件，复议机关决定维持原具体行政行为的，作出原具体行政行为的行政机关是被告；复议机关改变原具体行政行为的，复议机关是被告。两个以上行政机关作出同一具体行政行为的，共同作出具体行政行为的行政机关是共同被告。由法律、法规授权的组织所作的具体行政行为，该组织是被告。由行政机关委托的组织所作的具体行政行为，委托的行政机关是被告。行政机关被撤销的，继续行使其职权的行政机关是被告。

当合法权益受到具体行政行为侵犯的行政相对人想通过诉讼的方式解决纠纷的时候，能否准确地确定行政诉讼的被告是通过诉讼解决行政纠纷的一个关键环节。被告须为行政主体，也就是说行政诉讼的被告必须是依法享有行政权力、代表国家和地方独立进行行政管理，并能对自己的行为独立承担责任、独立参加行政诉讼的组织。被告须为其行为引起行政争议的行政主体。也就是说，被告必须是因自己作出的具体行政行为的合法性与行政相对人发生争议，被诉至法院并被法院通知应诉的行政主体。

（三）共同诉讼人与第三人

1. 共同诉讼人

根据《行政诉讼法》第二十六条规定：当事人一方或者双方为二人以上，因同一具体行政行为发生的行政案件，或者因同样的具体行政行为发生的行政案件，人民法院认为可以合并审理的，为共同诉讼。

本条是对共同诉讼的规定。共同诉讼，是指当事人一方或者双方为二人以上的诉讼。原告为二人以上的，称共同原告；被告为二人以上的，称共同被告。共同原告或者共同被告，又可以总称为共同诉讼人。依照本条规定，共同诉讼发生在两种场合：一是因同一具体行政行为发生，二是因同样的具体行政行为发生，并且人民法院认为可以合并审理。共同诉讼因同一具体行政行为发生，这里"同一"的含义是同一个，即当事人一方或者双方为二人以上，对同一个具体行政行为是否合法发生争议。共同诉讼因同一具体行政行为发生，并且共同原告或者共同被告有着共同的权利义务，因此，人民法院必须合并审理。由于共同原告或者共同被告具有共同的权利义务，其中一人的诉讼行为，得到其他人的承认，对其他人也发生效力。共同诉讼因同样的具体行政行为发生，这里"同样"的含义是指二个或者二个以上的具体行政行为的性质相同，或者作出具体行政行为的事实和理由相同。当事人一方或双方为二人以上，因同样的具体行政行为发生诉讼，并不必然导致共同诉讼。因同样的具体行政行为发生的诉讼，必须是人民法院认为可以合并审理的，才产生共同诉讼。如果人民法院认为不能合并审理，那么，诉讼主体不发生合并，就不是共同诉讼。共同诉讼因同样的具体行政行为发生，共同原告或者共同被告之间的权利义务是各自独立的，因此，其中一人的诉讼行为，无须得到其他人的承认，对其他人也不发生效力。如果共同诉讼人数众多，人民法院也可以要求共同诉讼人推选代表，进行诉讼。

2. 第三人

根据《行政诉讼法》第二十七条规定，同提起诉讼的具体行政行为有利害关系的其他公民、法人或者其他组织可以作为第三人申请参加诉讼，或者由人民法院通知参加诉讼。

对于行政诉讼第三人的解释，学者们的观点不尽一致。有的将其归纳为三条：①第三人与本诉所争议的诉讼标的——具体行政行为有直接的利害关系；②第三人须是参加到他人诉讼中的公民、法人或其他组织；③第三人在法律上有独立的法律地位。也有学者将其归纳为：①与提起诉讼的具体行政行为有利害关系；②相对于原告、被告而言，是与被诉具体行政行为有利害关系的其他公民、法人或者其他组织以及行政机关；③在诉讼期间参加诉讼；④申请参加诉讼或者由法院通知参加诉讼。还有的学者将其表述为：①行政诉讼第三人参加诉讼的根据，是同提起诉讼的具体行政行为有利害关系（包括直接的利害关系和间接的利害关系）；②行政诉讼第三人参加诉讼的目的是为了维护自己的合法权益；③行政诉讼第三人参加诉讼的时间，必须是在他人诉讼已经开始，终局判决作出之前；④行政诉讼第三人参加诉讼的方式，是由自己申请或人民法院通知而参加。

总体上，在以下几个方面学者们已达成一致：第三人与被诉具体行政行为有利害关系；第三人是在他人诉讼已经开始且尚未结束前参加诉讼；第三人有独立的诉讼地位；第三人参加诉讼的方式是由自己申请或人民法院通知而参加。

（四）诉讼代理人

行政诉讼代理人，是指根据法律规定，由人民法院指定，或者接受当事人、法定代理人的委托，以当事人的名义，在一定权限范围内，代理当事人进行诉讼活动的人。被代理的一方为被代理人或委托人。代理当事人进行诉讼活动的权限，称为诉讼代理权。

行政诉讼代理人分为三类：法定代理人、指定代理人和委托代理人。法定代理人是指依法代理未成年人、精神病人等无诉讼行为能力的人进行诉讼的人，享有法定代理权的人通常是被代理人的配偶、父母、子女或其他近亲属，有时可为被代理人的其他监护人。指定代理人是指由人民法院指定代理无诉讼行为能力的当事人进行行政诉讼的人。委托代理人是指受当事人、法定代理人的委托，代理进行行政诉讼活动的人。

根据《行政诉讼法》第二十八条规定：没有诉讼行为能力的公民，由其法定代理人代为诉讼。法定代理人互相推诿代理责任的，由人民法院指定其中一人代为诉讼。本条是对法定代理的规定。代理是在代理权限内，代理人以被代理人的名义从事活动，活动结果由被代理人承受的一种法律行为。诉讼代理就是代为他人从事诉讼活动。根据代理产生的不同原因，代理分为法定代理、指定代理和委托代理。法定代理指依照法律规定直接产生的代理，如《中华人民共和国民法通则》第十四条的规定。在诉讼代理中，法定代理是为无诉讼行为能力的人设定的。无诉讼行为能力的人如未成年人和精神病人，不能亲自进行诉讼活动，主张自己的诉讼权利，请求人民法院保护。法定代理人依照法律规定替无诉讼行为能力的人代为诉讼，以行使其诉讼权利，维护其合法权益。有的当事人的法定代理人不止一人，而是二人或二人以上。当二个以上的法定代理人互相推诿代理责任时，由人民法院指定其中一人代为诉讼。

根据《行政诉讼法》第二十九条规定：当事人、法定代理人，可以委托一至二人代为诉讼。律师、社会团体、提起诉讼的公民的近亲属或者所在单位推荐的人，以及经人民法院许可的其他公民，可以受委托成为诉讼代理人。

本条是对委托代理的规定。委托代理是因当事人、法定代理人的委托而产生的代理。在诉讼代理中，那些有诉讼行为能力的人，由于法律知识、身体健康、不在一地、时间、精力等原因，也需要请人代为诉讼。因此，本条规定当事人、法定代理人可以委托一至二人代为诉讼。受当事人、法定代理人的委托代为诉讼的人是委托代理人。

三、律师确定行政诉讼参加人要注意的问题

（一）律师确定原告要注意的问题

1. 在实践中对于原告范围的界定问题

在实践中，我们一般将原告的范围界定为“公民、法人或者其他组织”。

（1）公民即具有一国国籍，享有该国法律所规定的权利，并履行该国法律所规定的义务的自然人。对此处的“公民”应作广义理解，《行政诉讼法》第七十条规定：“外国人、无国籍人、外国组织在中华人民共和国进行行政诉讼，适用本法。”故根据对等原则，此处“公民”应当包括外国人与无国籍人。

（2）法人是指依法成立，具有民事权利能力和民事行为能力，能够以自己的财产独立承担法律责任、履行法律义务的组织，具体包括企业法人、机关法人、事业法人和社团法人。

（3）其他组织是指法人以外的社会团体。当然，并非符合这一条件的一切组织都是行政诉讼意义上的“其他组织”。依据最高人民法院有关司法解释，其他组织是指“依法成立、有一定组织机构和财产，但又不具备法人资格的组织”，对于“其他组织”在组织机构和财产上具体应达到的标准，由人民法院在案件审理中裁量决定。

在原告范围问题上，还有以下几个问题应予明确：

（1）有关资格的转移。《行政诉讼法》规定，有权提起诉讼的公民死亡，其近亲属可以充当原告提起诉讼。近亲属的范围，一般包括配偶、父母、子女、兄弟姐妹、祖父母、外祖父母、孙子女、外孙子女和其他具有扶养、赡养关系的亲属。

（2）公民因被限制人身自由而不能提起诉讼的，其近亲属可以依其口头或者书面委托以该公民的名义提起诉讼。

（3）有权提起诉讼的法人或者其他组织终止，承受其权利的法人或者其他组织可以充当原告提起诉讼。

（4）国家机关包括国家行政机关在一定情况下可以作为原告起诉。国家机关在履行其管理职责时或者为了履行其职责，需要进行一些民事活动及其他活动，进行这些活动要受到其他行政机关的管理。也就是说，每一个国家机关，既可以是管理者，也可以是被管理者。当国家机关作为被管理者，不服某一行政机关的具体行政行为时，便依法享有提起行政诉讼的权利。

（5）外国人、无国籍人、外国企业和组织可以作为原告起诉。行政法是公法，实行严格的属地主义，外国人在中国，必须遵守中国行政法。中国的行政主管机关对其应依中国行政法进行管理；根据条约或者互惠原则，也可以或者应该给予国民待遇。因此，外国人如果认为中国的行政机关在进行行政管理的过程中作出的具体行政行为侵犯了其合法权益，也应享有提起行政诉讼的权利，这既是对外国人的权利实施行政救济的需要，也是对我国的行政机关进行监督的需要。

2. 行政诉讼中原告资格的实践分析

是否具有起诉资格意味着具体行政行为的利害关系人的权利是否能得到法律的真正救济，关系到行政效率会不会因为行政行为的滥用而产生消极影响，还关系到行政诉讼的过程是否能顺利而有序地进行。

(1) 放宽对行政诉讼原告主体资格的限制。根据我国《行政诉讼法》相关规定，行政诉讼的原告不仅局限于具体行政行为的行政相对人，而且将与具体行政行为有法律上的利害关系作为界定行政诉讼原告主体资格的立案标准。但近年来随着行政诉讼案件类型的多样化，这样的界定已经不能满足各种各样的行政案件的处理，所以行政诉讼中原告主体资格的确定问题是现在行政案件准入门槛的一个难题。

司法实践中，行政诉讼总是被人为缩小了其所保护的范围，限制了当事人的诉权，在法律上利害关系标准中也没有注意到合法权利与合法利益的差异性，没有正确地判断行政相对人的权益与被诉具体行政行为的关联性，直接否定了起诉人的原告资格。有这样一起案件：林某向法院提起行政诉讼，要求法院确认其父生前与张某的婚姻登记行为违法。理由是其父与张某一直在一起生活，但是没有办理婚姻登记，后在其父因患病没有民事行为能力后，区民政局为其父与张某办理了婚姻登记，后其父死亡，张某继承了其父的部分遗产，林某认为其父在婚姻登记时没有民事行为能力，不符合婚姻登记的合法要件，区民政局为其父和张某办理的婚姻登记行为是违法行为，且该行为侵犯了自己的财产权利，故向法院提起行政诉讼。在审理过程中，要注意林某是否属于具体行政行为的利害关系人，是否具有行政诉讼中原告的主体资格问题。因为婚姻关系是一种特殊的人身关系，行政机关的结婚登记行为产生的行政法律关系中的相对人是申请结婚登记的男女双方当事人，而不是行政机关与婚姻关系当事人以外的其他人。但是，一个合法的结婚登记行为所产生的法律后果不是仅局限于男女双方当事人，而是对双方的近亲属产生直接的人身和财产关系上的影响，所以判断婚姻当事人的近亲属与行政机关的登记行为有无法律上的利害关系，不能只看到结婚主体而忽视由此产生的法律后果所涉及的其他利害关系人。如果机械地以与具体行政行为是否有法律上的利害关系来判断起诉人是否具有原告的主体资格,必然会导致受损害人无法受到法律的保护。在这起案件中,林某因与被诉具体行政行为存在法律上的间接的利害关系而具有行政诉讼原告的主体资格。通过对这个案例的分析及实践中的经验,使我们意识到,在工作中应尽可能放宽对行政诉讼原告主体资格的限制,尽可能地给受具体行政行为所侵害的当事人提供更多的司法救济,更好地监督和制约行政机关的行政权在法定的范围内有序地运行,以实现法律所体现的公平与正义。当然,也不能无原则地随意放宽对行政诉讼原告主体资格的审查,以防止当事人诉讼的随意性,维护法律的庄严。

(2) 民事法律关系与行政法律关系交叉时,行政相对人利益的保护。在具体审判工作中,有时还会遇到民事法律关系与行政法律关系交叉的情况出现,这时就存在一个如何适用具体行政行为的利害关系人来界定行政诉讼的原告主体资格问题。如果单纯地适用与具体行政行为有直接利害关系人作为适格原告,而不考虑交叉存在的民事因素的话,将导致一部分受被诉具体行政行为制约的非直接利害关系人无法向法院主张行政诉讼的权利,使其合法权益得不到法律的保护,有悖于行政诉讼的立法原则与目的。有这样一起案件:起诉人陈某多年来一直租赁王某的商用房用于经营。在房屋租赁期内,王某在未告知陈某的情况下,将房屋以市场价格卖给第三人张某并办理了房屋所有权转移登记。陈某得知后,向法院提起行政诉讼,要求法院撤销房产部门为二人办理的房屋所有权转移登记,理由是其作为房屋的承租人,在房屋租赁期间,根据法律规定其对本案争议的房屋享有优先购买权,王某与张某的房屋买卖不符合法律规定,应当予以撤销。这里就存在房屋租赁人能否以具有优先购买权作为原告提起与此房屋有关的行政诉讼,其是否需要先行提起民事诉讼确认其具有房屋优先购买权才可以提起与此有关的行政诉讼?结论是,此案中,陈某不需要先提起民事诉讼确认其具有优先购买权,可以直接提起行政诉讼,要求撤销房产部门办理的房屋所有权转移登记。理由是陈某与王某的房屋租赁事实存在,而且租赁了很多年,未发生任何争议,陈某作为房屋的现有使用权人,其对房屋有关的具体行政行为属于存在法律上的利害关系的行政相对人,其可以作为行政诉讼的原告提起行政诉讼,使行政诉讼更好地发挥对其权利救济的功能。

在审判实务中,界定行政诉讼原告的主体资格是件看似简单实际上却相当棘手的事情。如果单纯地随意扩大原告的主体资格限制,任何人都能启动行政诉讼程序,会导致行政诉讼的随意性,不利于行政行为效力的稳定;如果过分地限制原告主体资格,又易造成起诉人无法通过法律途径主张权利,不能使其合法权利得到法律救济的后果。在今后的审判实践中,我们应当结合案件的实际情况和对行政诉讼原告进行主客观的分析后,对行政诉讼原告的主体资格进行认真的界定。

(二)律师确定被告资格应注意的问题

1. 委托行政情况下的确定问题

我国《行政诉讼法》及《若干问题的解释》规定,由法律、法规、规章授权的组织所作的具体行政行为,该组织是被告,即使该组织超越授权范围行使职权的也是如此。由行政机关委托的组织所作的具体行政行为,委托的行政机关是被告。很明确,法律、法规的授权具有行政主体资格的直接赋予与确定的性质,使之成为一个独立的行政主体,当然,也就是独立承担责任的主体,自然是被告。而除此授权以外(授权的形式是复杂多样的)其他均属于委托行政,即行政机关将自己合法行政职权委托交由其他组织去行使,由此行为而引起的行政诉讼,其被告当然不能是仅仅受委托行使职权而不拥有该职权的组织。受委托组织不具有独立承担法律责任的主体资格。

理论上关于委托行政有些不同的观点,委托行政至少有以下特征:①委托与授权不同,它至少在形式上是一种双方合意行为或过程,是委托机关与受委托组织双方意思表示一致的结果。②委托者有行政机关,也有法律、法规、规章授权的组织;受委托者既有行政机关也有其他组织。如公安机关委托乡镇人民政府行使处罚权,税收机关委托出版社代征个人所得税等。③委托的内容是行使一部分行政职权，当然前提是属于委托者自己的合法职权，而且，必须只是自己享有职权的其中一部分。那种将全部职权交他人行使的“受托”是悖于委托的有限性的。在实践中，有些“开发区”的管理机构，受当地政府职能部门的委托，几乎享有与行使全部职能部门的行政权，这种所谓的委托，从法理上分析，是有悖于委托制度的性质特征的。另外，委托方必须本身不具有该项职权，否则就不构成权力委托行政，要么是自己行为，要么是一种执行上的协助。行政诉讼的委托始终针对行政决定或处理权而言的。但另外一个非常重要的方面，就是我们所说的被告必须是被诉行政行为的主体，是指被告必须是该行政行为法律上的行为主体，该行政行为在法律上归属于该主体。

2. 不作为行政行为情况下的被告问题

行政行为有作为与不作为之分，在不作为时，由于行为主体是消极地不履行法定职责，当然并没有什么行政决定文书，此时被告适格问题显得更复杂。科学的标准应该是：把公民、法人、其他组织的申请对象与该被告申请机关是否有不作为的行为结合起来确定。①原告是否曾经要求行政机关作为过。如申请履行保护职责、要求颁发有关证照等。②被告是否针对原告的要求有不作为的行政行为。只有在被告确有不作为行政行为的情况下，才会有确定不作为行政行为的被告资格问题。当然，这种不作为有两种形式：一是不予答复，即被申请机关没有作出任何作为的行政行为。二是拒绝，即被申请机关虽然作出行政决定，但其内容则是否定了申请的要求。这其中可以是全部拒绝，如申请复议却作出不予受理复议的决定；也可以是部分拒绝，如申请复议行政行为并要求行政赔偿，复议机关撤销了原具体行政行为，但对行政赔偿部分却不予处理，或者干脆不予答复。法理上也有把拒绝行为当作作为行政行为看待的，认为拒绝本身是一种作为行为形态，因此对拒绝行为如有不服应按作为行为提起诉讼。其实，拒绝行为具有形式与内容的分离性质，形式上是作为行为，内容上却是不作为行为。以作为行为诉讼还是以不作为行为诉讼，应根据具体情形而定。如工商局拒绝给某人核发执照，宜以拒绝作为行为诉讼标的，就此审查拒绝理由是否成立。

如果申请人有三项不符合核发执照的条件，工商局只以其中之一拒绝，在这种情况下，法院当然不能判令工商局给申请人核发执照。但是，如果公民报案被公安机关拒绝了，则可以以公安机关不作为为行为诉讼标的，法院可以判令公安机关立案查处，保护申请人的权利。如果法院再以拒绝立案的不作为行为为诉讼标的，撤销公安机关的拒绝行为，对申请人实际上起不到保护权益的作为，这样的诉讼实在没有什么实质意义。

3. 内设机构的被告资格问题

在我国行政管理实践中，较为普遍地存在许多临时性机构或临时性综合机构，这些机构或者是由一个行政职能机关设立的，或者是由几个行政职能机关共同组建的，或者是由同级政府牵头、由几个职能部门组建的。我们认为，这些机构都属于政府或职能机关体系内的内设机构。在实践中，这种内设机构比较复杂，形式多样，有些属于事业性质，有些属于行政机关性质，有些不能以自己名义对外，有些则以自己名义对外，等等。例如，“拆迁安置管理办公室”“城市建设综合开发管理办公室”“民用煤市场整顿领导小组”等等。这些内设机构有这样一些特征：①它不是政府的常设职能部门，而是职能部门以外的临时性质的管理机构；②它是行政机关自己设立的机构或者是政府牵头由若干行政机关共同设立的机构，属于内设机构；③它被赋予了一定的行政管理职能，或者是专司部分行政管理职能，或者是行政民事职能兼具的机构。

对于这种内设机构能否作为被告，人们的认识不完全一致。如果法律、法规、规章对内设机构有行政授权，该内设机构能在法律上以自己的名义作出行政行为，实际上它已经外化，取得了独立主体的资格，应以该机构为被告。如果没有法律、法规、规章的明确授权，无论事实上内设机构是否以自己的名义作出行政行为，它仍不具备独立承担法律责任的能力，其行为则应当由组建或设立该机构的政府或行政机关负责，即被告应当是设立或组建该机构的政府或行政机关。因为《若干问题的解释》明确规定，行政机关在没有法律、法规、规章规定的情况下，“授权”其内设机构、派出机构或者其他组织实施行政行为应当视为委托。依照委托行政的有关原理，当然是委托机构而不是被委托机构作为被告。

（三）律师对于共同诉讼人确定问题的理解

根据《行政诉讼法》第二十六条的规定，可以把行政诉讼中的共同诉讼分为两种，即必要的共同诉讼和普通的共同诉讼。

1. *必要的共同诉讼人*

必要的共同诉讼人是指当事人一方或双方为两人以上，诉讼标的是同一具体行政行为的诉讼。在这种共同诉讼中的当事人即为必要共同诉讼人。必要共同诉讼的标准是诉讼标的同一，即因同一具体行政行为发生的行政案件。同一具体行政行为，是指一个或几个行政机关，针对一个或几个公民、法人或其他组织，以一个意思表示为目的，实施了一个具体行政行为。可见，正确的标准是行政行为本身，即必须是一个独立、完整的具体行政行为，该行为或者是由两个以上行政机关共同作出，或者是一个具体行政行为处理两个以上公民、法人或者其他组织。

在实践中，主要有以下几种具体情形：①两个以上的当事人，因共同违法而被一个行政机关在一个处罚决定书中分别予以处罚。②法人或组织因违法而被处罚，该法人或组织的负责人或直接行为人同时被一个处罚决定书处罚。③两个以上共同受害人，对行政机关的同一行政行为均表示不服而诉诸法院，这些起诉的共同受害人就成为共同原告人。④两个以上行政机关以一个共同行政决定形式，处理或处罚了一个或者若干个当事人。

必要的共同诉讼人，因同一具体行政行为而在权利义务上发生不可分割的联系，这既有事实上的也有法律上的。凡属共同被告人，必须共同参加诉讼，如果原告人起诉中有遗漏，人民法院有权在征得原告人同意的基础上追加被告，通知应诉，被追加的被告无权拒绝参加。而对共同原告资格来讲，法院有义务通知未起诉的其他共同原告人参加诉讼；如果这些人仍然不愿参加诉讼，法院则不能强行追加，应尊重原告人的意志与选择。另外，共同诉讼人都是独立的法律主体，有独立的诉讼法律地位，一个人的行为对其他共同诉讼人没有法律上的约束力。他们各自以自己的名义参加诉讼，并对各自的行为负责，各自可以提出自己的诉讼请求。

2. 普通的共同诉讼人

普通的共同诉讼人，是指当事人一方或双方为两人以上，其诉讼标的是同样的具体行政行为，并由法院进行合并审理的诉讼。这种共同诉讼的当事人即是普通的共同诉讼人。

法律规定，普通的共同诉讼人必须是因同样的具体行政行为发生的行政案件。何谓同样的具体行政行为？首先，在行政法律关系中，不是一个具体行政行为而是两个或两个以上行政行为，实质上这是几个案件而非一个案件。其次，共同诉讼人之间在事实上或法律上并无当然的不可分割的联系，仅仅因为诉讼标的属于同一种类，即被诉具体行政行为有相同、相类似的性质，所以在程序上被统一起来。这种行政行为的同种类主要有：行政行为的基本事实同类，如均因偷税案件被处罚；或者是处理的法律依据同类，如因在一条拆迁道路上拒不搬迁或违章建筑，均根据同样的拆迁条例而被处罚或强制；或者是具体行政行为的种类、处理手段同类，如均被吊销执照；等等。最后，法院认为宜于合并审理并实行合并审理。普通共同诉讼并不是必须要合并，除上述条件以外，关键在于能否达到并案审理的目的：简化诉讼，节省成本，避免矛盾与差异悬殊。如果不能达到此目的，甚至使诉讼更复杂化或拖而不决，则不要并审而要分案审理。

普通的共同诉讼，须由共同诉讼的当事人向法院提出申请，要求并案审理，然后由法院审查，认为可以合并的才能实行合并，构成共同诉讼。当然也可以由法院主动审查，认为宜于并案的，则依职权进行并案审理。从理论上讲，提起诉讼与申请并案，属于两个诉讼请求，要在不同的诉讼文书中提出，或者在一个诉讼文书中分项明确提出。但是在具体操作上，则不可以机械、绝对，有的行政诉讼正在进行期间，作为被告或被告的上一级行政机关，又以调整的形式再一次作出具体行政行为，原告人对此行为直接向法院提出并案审理要求，应视为既有起诉请求也有并案申请。

（四）律师对于第三人确定问题的理解

律师在实践中可以从以下几个方面理解第三人。

1. 未起诉的其他行政相对人作第三人

未起诉的其他行政相对人作第三人这种情况可分为两种类型：

（1）受相同行政行为影响的未起诉相对人。同一具体行政行为给两个以上的行政相对人设定了相同的权利义务，带来相同的影响。部分行政相对人对此具体行政行为不服起诉，此时未起诉的其余行政相对人为第三人。具体包括：①行政处罚行为中未起诉的被处罚人。行政主体就同一违法行为对两个以上的行政相对人进行了相同的行政处罚。其中一个被处罚人对行政处罚行为不服，向人民法院提起行政诉讼，其他被处罚人是行政诉讼第三人。例如，甲与乙共同进行盗窃，被公安机关拘留 15 天。甲不服，提起行政诉讼，乙没有起诉，则乙应当被认定为第三人。②行政征收、行政征用行为中的未起诉的被征收、征用人。行政主体对多个行政相对人因同一行政目的进行行政征收和行政征用，其中一部分行政相对人提起行政诉讼，另一部分没有，则没有提起行政诉讼的行政相对人应当被认定为第三人。例如，有关部门为了打捞落水群众而对附近的船只进行征用，一部分船主不服行政征收行为提起行政诉讼并要求行政赔偿，没有提起行政诉讼的其余船主是第三人。③征地、拆迁行政行为中未起诉的被征地人、被拆迁人。征地、拆迁行政行为，往往涉及众多的行政相对人。其中一部分不服该具体行政行为提起行政诉讼，其余的没有，则没有提起行政诉讼的行政相对人应当被认定为行政诉讼第三人。例如，某市为了建设工业园区，对其所属的两个自然村土地进行征用，该两个自然村的 278 名村民对行政机关的征地公告提起行政诉讼，其余未起诉的被征地农民则是第三人。

（2）未起诉的民事争议当事人是第三人。在具有司法性质的行政行为中，民事争议的一方当事人不服行政行为的，民事争议的另一方当事人应当认定为第三人。这类行政行为是由于行政权力对民事争议的裁决产生的，或者说行政行为带有明显的裁决性质。因此，行政行为的作出，必然对双方当事人带来或好或坏的影响，一方向人民法院提出行政诉讼，另一方应当认定为第三人。比较典型的有：①行政确权案件未起诉的权属争议人。行政机关对行政相对人之间有争议的标的物进行了确权，其中一方当事人不服该确认行为，向人民法院提起行政诉讼的，另一方当事人是第三人。这类行政案件主要包括土地确权案件、林地确权案件、专利确权案件、商标确权案件等。例如，甲与乙两合作社对某土地权属产生争议，某县土地行政部门将该土地确权给甲合作社。乙合作社不服，向人民法院提起行政诉讼，则甲合作社是第三人。②在交通事故责任认定、工伤事故责任认定等行政确认行为中，受该行政确认行为不利影响的一方行政相对人向人民法院起诉的，另一方当事人是第三人。如果双方均不服，一方提起行政诉讼，则另一方是第三人。

2. 全体行政相对人作第三人

在这类行政行为中，不是行政相对人对具体行政行为不服，而是受具体行政行为影响的行政相关人对具体行政行为不服，认为行政主体的具体行政行为侵犯了其合法权益，从而提起行政诉讼。在这类行政诉讼中，全体行政相对人应当被列为第三人。

(1) 受行政许可影响的利害关系人是第三人。如果行政许可行为影响了其他公民、法人或其他组织的合法权益，其他公民、法人或其他组织不服，向人民法院起诉，在这类行政案件中，其他公民、法人或组织是被告，被许可人是第三人。例如，某规划部门许可甲修建住宅一幢供其使用，邻居乙认为修建住宅会影响其采光权，向人民法院提起行政诉讼，请求撤销该行政许可。在本案中，甲是第三人。

(2) 具有排他性质的许可行政行为中的被许可人。在排他性许可行为中，如果数个公民、法人或其他组织对行政主体拟许可的标的存在竞争，那么，行政主体相对人的许可行为必然对其他未获得许可的公民、法人或其他组织带来不利的影响。未获得许可的人提起行政诉讼，要求撤销该行政许可，此种情况下，起诉的未获得许可人是原告，被许可人是第三人。

3. 行政相关人作为第三人

行政相关人指的是与某一具体行政行为存在利害关系的其他公民、法人或其他组织。行政相关人作为第三人主要有以下几种情形：

(1) 工具所有人作第三人。在行政执法行为中，被执法人租赁他人房屋，租用、借用他人交通工具、播放工具以及其他工具实施某种行为被采取查封、扣押、冻结、拍卖等措施的，相对人不服提起行政诉讼，房东、船主等所有人应当被认定为第三人。

(2) 与行政相对人签订民事协议的对方作第三人。行政相对人与非行政相对人签订有民事协议，且该协议的履行以该行政行为的实施为前提。如果行政主体采取改变、撤销等手段使原来的行政行为不复存在，行政相对人对行政主体的改变、撤销等行政行为不服提起行政诉讼的，与行政相对人签订民事协议的非行政相对人是第三人。例如，某建筑公司与县公路局签订了修筑一座公路桥的行政合同。为了履行该行政合同，该建筑公司又与某水泥厂签订了由后者供应1000吨425号水泥的民事合同，并明确规定该水泥将用于前行政合同指称的公路桥的建筑。后来，县公路局单方面解除了行政合同，导致民事合同也不能履行。若该建筑公司不服，提起行政诉讼，此时应当将某水泥厂列为第三人。又如，某高校决定建造一幢集资住宅楼，委托某开发商承建。后来，某市规划行政部门认为该楼是违章建筑而责令开发商限期拆除。开发商不服，提起行政诉讼，则某高校应当被认定为行政诉讼第三人。

(3) 土地、房屋、交通工具的使用人作第三人。行政主体将行政相对人所有的土地、房屋、交通工具等征收、征用后，又将土地、房屋、交通工具出让给其他人所有或使用，行政相对人不服提起行政诉讼的，被出让人应被认定为第三人。如行政机关将王某的土地征用后，交给李某进行房地产开发。王某对行政机关的征用行为不服，向人民法院提起行政诉讼，李某应当作为第三人参加诉讼。

(4) 另一被处罚人作第三人。在两个有牵连关系的行政处罚案件中，同一处罚主体实施了两个处罚行为，且案件事实有牵连，其中一案的被处罚人向法院起诉，另一个受处罚人应当作为第三人参加诉讼。其理由在于，一旦被诉具体行政行为被判决撤销，对第三人的处罚行为亦有可能被撤销。反之，如果被诉具体行政行为被维持，对第三人的处罚也将被维持。例如，假设自然人甲趁工作人员不备，将某商场放在室外的用作有奖销售奖品的一台电视机抱回家，交给乙进行销售。甲因为偷盗行为被某公安局给予拘留15天的处罚，乙因为销赃给予罚款1 000元的处罚。甲不服提起行政诉讼，要求撤销该具体行政行为，在本案中，乙应当被认定为第三人参加诉讼。

4. 行政相对人和行政相关人均是第三人

如果某一具体行政行为不仅影响到行政相对人的合法权益，还直接影响到与行政相对人具有民事协议的非行政相对人的合法权益，另外还直接影响与行政相对人没有民事协议的非行政相对人的合法权益，如果受到直接影响且与行政相对人没有民事协议的非行政相对人不服，提起行政诉讼的，行政相对人是第三人，与该行政相对人签订民事协议的非行政相对人也是第三人。例如，28户居民集资建房，委托某开发商修建，规划部门许可了开发商的建房行为，但旁边一幢楼的100户居民认为该楼的修建会侵犯其采光权，遂向人民法院起诉要求撤销该许可行为。在本案中，100户居民是原告，开发商是第三人，28户集资建房的居民也是第三人。

5. 行政行为的实施者作第三人

在行政审判实践中，经常会遇到多个行政机关参与实施具体行政行为，行政相对人不服，提起行政诉讼的第三人应当如何认定的问题。主要情形有：

（1）共同作出具体行政行为的非被告行政主体作第三人。多个行政主体联合对公民、法人或其他组织作出具体行政行为，公民、法人或其他组织不服，以多个行政主体中的一个或几个行政主体为被告提起行政诉讼，应当追加而原告不同意追加的，人民法院应当通知其以第三人的身份参加诉讼。因此，在这类行政案件中，不以被告身份参加诉讼的行政主体应当被认定为第三人。

（2）被委托人作第三人。在行政委托关系中，行政相对人因被委托人的具体行政行为不服而提起行政诉讼的，以委托主体为被告，被委托人应当被认定为第三人。

（3）未被列为被告的行政执法主体为第三人。在行政执法案件中，作出行政决定的行政主体与执行主体（不包括法院）相分离的，任何一个主体被诉，未被列为被告的一方为第三人。

（4）原行政机关或行政复议机关为第三人。在行政复议案件中，复议机关的复议决定改变原具体行政行为被起诉的，行政相对人对改变后的行政行为不服提起行政诉讼，行政复议机关为被告，作出原具体行政行为的行政机关为第三人。行政相对人对原具体行政行为不服提起行政诉讼的，作出原具体行政行为的行政主体为被告，行政复议机关为第三人。

（5）作出矛盾行政行为的行政主体为第三人。两个行政主体基于同一事实，针对同一相对人作出相互矛盾的具体行政行为，其中一个被诉，作出另一个或另几个行为的行政主体为第三人参加诉讼。

（6）被越权的行政主体为第三人。一个行政主体越权行使其他行政主体的职权，致使原告起诉的，被越权的行政主体应当被认定为行政诉讼第三人。

（7）作出关联行政行为的其他行政主体为第三人。两个以上的行政主体如果基于同一事实，针对同一相对人作出影响其利害关系的相互关联、难以分割的若干具体行政行为，其中一个行为败诉，作出另一个或另几个行为的行政主体或者说非被告的行政主体可以作为第三人参加诉讼。例如，某自然人被 A 市公安机关决定收容遣送回原籍，先经 A 市公安机关遣送，再转手经被遣送人户籍所在地收容站、县收容遣送站以及县民政局行政单位的遣送，整个遣送过程历时 10 天，被遣送人被送回家后的次日因长时间饥饿死亡，其父母随即向 A 市法院提起行政诉讼，要求确认收容决定违法并赔偿经济损失。在本案中，被遣送人的死亡同其他行政机关的缺乏必要的防护和照顾过失的行为有着不可分割的牵连关系。如果原告对其他行政机关不同意追加被告的情况下，人民法院应当认定这些行政机关以第三人身份参加诉讼。

（8）非行政主体的法人或者组织作第三人。公民、法人或其他组织对行政机关与非行政机关（主要有党委、共青团、妇联、工会等）共同署名作出的具体行政行为不服，向人民法院提起行政诉讼的，以作出具体行政行为的行政机关作为被告。如果侵犯公民、法人或者其他组织合法权益，需要进行赔偿的，法院可以通知非行政机关作为第三人参加诉讼。

（五）律师对于诉讼代理人问题的理解

1. 法定代理人

在实践过程中，法定代理人不同于法人、其他组织或行政机关的法定代表人，前者代理的是无行为能力的自然人，后者代表的是有权利能力和有行为能力的法人、其他组织或行政机关。法定代表人是相应企业、组织、机关的主要负责人，在各种法律关系中，他们均代表相应企业组织机关实施法律行为。相应企业组织的一切法律行为也只能由其法定代表人行使。在行政诉讼中，法定代表人代表相应企业、组织或机关行使当事人的权利，履行当事人的义务，其诉讼行为的结果均归属于他们所代表的企业、组织或机关。在诉讼进行中，作为原告的法人或其他组织和作为被告的行政机关的主要负责人被更换，导致参加诉讼的法定代表人也要更换时，应向人民法院提出新的法定代表人的身份证明书，继续参加诉讼。原法定代表人已进行的诉讼活动对于继续参加诉讼的新法定代表人具有约束力。

2. 指定代理人

根据《行政诉讼法》的规定，指定代理人是在法定代理人相互推诿代理责任的情况下，由人民法院在法定代理人中指定，这是法定代理人的指定代理。然而在其他情况下的指定代理法律虽未明确规定，但我们认为其存在也是必要的。这是因为：一是司法解释及《行政诉讼法》未尽事宜部分，可参照《民事诉讼法》，而民事诉讼代理制度是有此规定的；二是未成年人或丧失行为能力人事实上确定存在，其合法权益又不能不予保护。所以我们不能因为该条文未作此明细规定就视为法律无此规定。

律师在处理指定代理人的代理权限问题时，要考虑两点：一是指定代理人如属法定代理人，则其权限实际就是无法定代理人的权限；二是如属于法定代理人以外的指定代理人，则在法院指定时应予明确。指定代理人代理权限的消灭主要有：案件终结、当事人产生或恢复行为能力、当事人的法定代理人可以行使代理权等情况。

3. 委托代理人

根据法律规定，在行政诉讼中，当事人委托代理人，原则上应以书面形式进行，即向人民法院提交由委托人签名盖章的授权委托书，委托书应当载明委托的事项和权限。在特殊情况下，也可以口头委托，例如，当事人被限制人身自由的，可以口头委托其家属提起诉讼。对口头委托起诉的，人民法院应当核实并记录在卷，被诉行政机关或其他有义务协助的机关拒绝人民法院向被限制人身自由的公民核实情况的，视为委托成立。

第六章　行政诉讼证据

一、律师如何理解行政诉讼证据

根据我国的证据理论，可以将行政诉讼中的证据定义为：证明行政案件真实情况的一切事实，都是行政诉讼证据。凡是能直接或者间接地证明当事人所争执的行政法律关系存在或者不存在，行政机关作出的具体行政行为合法或者不合法，以及它们的范围、产生、发展和变更的所有客观事实都是证据。

人民法院确认争议当事人之间的法律关系，解决权利义务之争，必须以案件事实为依据。而案件事实，不论是行政法律关系发生、变更、消灭的事实，还是当事人双方发生争议的事实（即行政机关的具体行政行为是否合法的事实），都是发生在行政诉讼之前，而不是诉讼之中，承办具体案件的审判人员既不能事先了解，也不能靠主观臆断，只能通过在诉讼中对当事人所提供的证据材料进行审查、判断，来揭示案件的客观真实。因此，诉讼上的证据，是当事人用来证明其诉讼请求或者答辩的主要手段，也是人民法院用来查明案件、作出裁判的主要手段和依据。当事人只有提供了充分的证据，才能获得胜诉；人民法院只有掌握与案件相关联的必要的证据，才能保证行政案件的正确处理。

我国《行政诉讼法》第三十一条规定证据有七种。严格地说，这七种并非证据的分类。作为分类，应当是以某个标准将对象划分为不同种类，划分方法应能够穷尽所有的对象，各种类之间具有互斥性。《行政诉讼法》规定的七种证据形式，并不具备此分类的要求，故此处将其表述为证据的表现形式。

（1）书证。书证是指用文字、符号、图画、表格等记录一定的思想内容并以此证明案件真实情况的物品。书证的基本特征是以其记载和反映的内容来证明案件的真实情况。书证在行政诉讼中是一种非常重要的证据。由于行政机关在实施国家行政管理的过程中作出的具体行政行为一般都采用书面的形式，因而行政法律关系发生、变更、消灭，一般是以书面形式表现的，权利义务关系也往往是以书面形式确定的，有些权利义务关系发生争议的事实也会有一定的书面证明材料。因此，在行政诉讼中，书证对于认定案件事实具有直接的、重要的作用。

（2）物证。物证是指以其存在情况、外形特征、内在特性以及质量等来证明案件真实情况的物品和痕迹，如凶器、变质食品、假药、违章建筑物以及交通事故中撞坏的汽车等。

物证和书证是不同的证据。书证是人的主观意志的反映，具有一定的思想内容，物证是客观存在的事物，不具有思想内容。有些书面材料既可作书证使用，也可作物证使用，这时其究竟是物证还是书证，要看它是用什么方式来证明案件的真实情况。以外形、质量、特征来证明一定事实的书面材料就是物证；以记载的内容来证明一定事实的书面材料就是书证。

（3）视听资料。视听资料是指利用录音或者录像磁带所记录并反映的音响和图像，或者以电子计算机储存的资料来证明案件真实情况的证据。其表现形式有：录像带、录音带、电影或者其他胶卷、传真资料、微型胶卷、雷达扫描资料、电视监视器所收集和储存的数据和资料等。

视听资料是随着现代科学技术的发展和普及而出现的一种新的证据。它将反映案件客观情况的材料固定并保存起来，使过去发生的而在诉讼中应查明的事实，真实而又准确地显现出来。它不仅静态地反映待证事实的真实情况，而且动态地反映待证事实的现实情景，因此，它具有较大的准确性和可靠性。

视听资料与书证具有一个共同的特点，即都是以其记载或者反映的内容来证明案情，但视听资料又是一种不同于书证的独立的证据。因为书证一般是用文字或者符号所表达的内容来证明案情的，而视听资料则是以图像或者音响来证明案情的。录音、录像磁带等有时也可以作为物证使用，当录音、录像磁带等不是以其记载的内容来证明案情，而是以其质量、特征来证明案情时，就是物证。如一批质量不合格的录音磁带、一盒黄色录像带等。

视听资料是现代科学技术的产物，同时也是可以利用现代科学技术加以伪造的，人民法院在诉讼中应当对视听资料的来源是否合法、内容是否真实进行审查。

（4）证人证言。不是本案的诉讼参加人，但直接或者间接了解案件有关情况并被人民法院传唤到庭作证的人，叫作证人。证人以口头或者书面方式，向人民法院所作的有关案件事实的陈述，称为证人证言。证人证言是案外人通过对其直接或者间接了解的案件事实进行回忆和陈述来证明案情的。证人证言所反映的事实通常是证人耳闻目睹的事实，有时也可能是间接听来的，转述他人的所见所闻。证人证言一般在法庭上以口头方式陈述，以便当事人当面质证。但是，在特殊情况下，如证人生病、出差等，也可向人民法院提交书面证言。书面证言是以书面形式表达的证言，与书证是不同的。

（5）当事人的陈述。当事人的陈述，指当事人在诉讼中就自己经历的案件事实，向人民法院所作的叙述。当事人向人民法院所作的叙述很多，有关于起诉理由的叙述、案件经过的叙述、适用法律的叙述。只有当事人对案情事实的真实叙述，才是证据，才能够被人民法院用来作为判决的依据。

当事人的陈述具有两方面的特点：一方面，当事人是争议的行政法律关系的主体，对争议的行政法律关系的内容及有关法律事实，有着真实的了解，对行政争议的发生、发展过程，有着亲身的经历，因此，当事人的陈述可以揭示案件的真实情况，它对于查明案情、认定事实、正确解决案件，十分重要；另一方面，由于双方当事人在案件中处于对立地位，与案件的处理结果有着直接的利害关系，因此他们在陈述案情时可能会有意无意地夸大或者缩小某些事实，甚至歪曲事实真相，所以，当事人的陈述可能带有一定的片面性和虚假性，这就要求人民法院在案件的审理中，应结合其他证据进行审查，既不能忽视它的作用，也不能盲目轻信。

（6）鉴定结论。鉴定人对需要鉴定的问题，运用自己的专业知识，根据案件的事实材料，作出科学的符合实际的分析，提出结论性意见，叫作鉴定结论。根据鉴定对象的不同，行政诉讼中的鉴定有医学鉴定、文书鉴定、会计鉴定、技术鉴定等。

鉴定人是运用专门知识或者技能对案件中的某些专门性问题进行科学鉴别、判断的人。鉴定人必须是自然人，机关、团体、企业事业单位不能担任鉴定人。鉴定人与证人不同，证人的责任是就其耳闻目睹的案件的某一事实作出如实的陈述，证人所陈述的事实，是对其所闻所见事实的重述，不加入自己的任何见解。而鉴定人的责任是运用自己的知识，对案件中的专门性问题作出科学的分析，不是对案件事实的简单重述。证人不能更换、代替，也不能回避，鉴定人可以更换、代替，遇有法律规定的回避情形，应当自行回避，当事人也可以向人民法院提出申请鉴定人回避。

按照《行政诉讼法》的规定，在诉讼进行过程中，人民法院认为对某一专门性问题需要进行鉴定的，应当交由法律规定的鉴定部门进行鉴定，法律没有规定鉴定部门的，人民法院也可以指定有关鉴定部门进行鉴定。不论是法定的鉴定部门，还是指定的鉴定部门，都有义务按照人民法院的通知，指派有专业知识的人员进行鉴定，没有拒绝的权利。

(7) 勘验笔录、现场笔录。勘验笔录是指人民法院的审判人员或者行政机关的工作人员为了查明一定的事实，对与争议有关的现场、物品进行勘查、检验、测量、拍照、绘图等工作时制作的笔录。勘验笔录不仅指人民法院的审判人员亲临现场或者物品所在地进行勘验工作制作的笔录，也包括行政机关工作人员在行政争议发生后或者发生的当时，对现场进行勘验所制作的笔录，例如交通事故发生后为弄清肇事者和受害者各自的责任，交通民警及时对事故现场进行勘验后制作的笔录。勘验笔录是勘验人对现场和某项事物的直接观察和反映，是固定和保全证据的方法。由于它涉及面广，不是单纯地固定某一证据，而是把现场和某种事物中的所有情况都记录下来，因此对于分析和判断案情具有重要意义。

现场笔录一般指行政机关及其工作人员在实施具体行政行为时，对有关的事项当场所作的笔录。如公安机关对违反治安管理的人进行处罚时所作的笔录，税务机关对拒不纳税的有关公民或者法人进行处罚所作的笔录等。现场笔录是行政机关及其工作人员在对其管理相对人进行处罚或者其他处理时，对当时的情况所作的记录，因此，对于查明案情有一定的作用。它是以其记载的内容来查明案情的，这一点与书证相似，但它又不同于书证。它是行政工作人员在行政管理活动中制作的，因而也是一种独立的证据。现场笔录必须经相对一方当事人核对认为无误并在笔录上签名或者盖章，以及有关行政工作人员在笔录上签名后，才能作为证据材料，提供给人民法院，否则易在审理中造成被告极为被动的局面。

二、我国行政诉讼证据的相关规定

（一）举证责任的分配

举证责任的分配，即诉讼证据由谁提出的问题。诉讼证据的提出，应该在当事人之间加以合理分配。我国《行政诉讼法》从行政诉讼的实际出发，对举证责任的分配作了明确规定。

1. 被告对具体行政行为合法性承担举证责任

行政诉讼中的举证责任与民事诉讼、刑事诉讼中的举证责任有着明显的区别。主要表现在以下方面：

一是强调被告的举证责任，不同于民事诉讼中谁主张、谁举证和刑事诉讼中由司法机关负举证责任、被告不负举证责任的规定。由于行政诉讼中争议的诉讼标的就是具体行政行为的合法性问题，因此被告在行政诉讼中应承担主要的举证责任。

二是被告举证的对象仅仅是具体行政行为，而不是全部的案件事实。赔偿、附带民事诉讼等仍然应遵循“谁主张、谁举证”的原则。

三是举证责任所提供的证据，不仅包括能证明案件事实的证据，而且包括作出具体行政行为所依据的规范性文件。

据此，我国《行政诉讼法》第三十二条规定：“被告对作出的具体行政行为负有举证责任，应当提供作出该具体行政行为的证据和所依据的规范性文件。”其他应由被告证明的事实：对原告起诉是否超过起诉期限有争议的，由被告负举证责任；对有利于自己的程序意义上的事实负举证责任，如管辖异议、回避等。有关民事上的问题，仍然遵循"谁主张、谁举证"的原则。

行政诉讼中的举证责任主要由被告承担。这一规定包含三方面的内容：

第一，具体行政行为是否合法应由被告承担举证责任。处于被告地位的行政机关，应该举证证明自己所作的引起行政争议的具体行政行为的正确性和合法性。

第二，被告既要就作出具体行政行为的事实依据举证，又要就作出具体行政行为的法律依据举证。事实依据既包括实体上的事实，也包括程序上的事实。这里的法律依据是指行政机关作出具体行政行为所依据的所有规范性文件，包括法律、法规、规章等。特别是对于规章和规章以下效力层次的规范性文件，既要证明其存在，也要证明其合法，即要证明其符合法律、法规的规定或者不与有关的法律、法规相冲突以及这些规范性文件相互之间不矛盾。有些行政管理法律、法规对行政机关作出具体行政行为的法律依据作了特殊规定的，行政机关亦应当承担相应的举证责任。

第三，如果被告对于引起诉讼的具体行政行为，不能提供作出该具体行政行为的证据和所依据的规范性文件，来证明该具体行政行为的正确和合法，则被诉行政机关可能承担败诉的诉讼后果。即行政诉讼中的举证责任既是一种行为责任，也是一种结果责任。

行政诉讼法关于被告对具体行政行为承担举证责任的规定是合理的，其主要原因是：

其一，对具体行政行为的举证责任由被告承担具有客观必要性。行政诉讼要解决国家行政机关在行政管理中发生的争议，而行政机关在行使职权时处于决定的地位，其相对方处于服从的地位，行政机关是根据其管理相对人的违法或者其他的事实作出具体行政行为的。从行政机关必须依法行使行政职权的角度看，行政机关不能没有根据地作出具体行政行为，而是在作出具体行政行为时就必须有事实依据和法律依据。因此，在诉讼中，行政机关必须就作出具体行政行为所依据的一定的事实和法律作出说明，举出证据证明具体行政行为是正确、合法的。如果行政机关在诉讼中不能举证证明具体行政行为的正确性、合法性，就意味着行政机关在作出这一具体行政行为时缺少事实依据和法律依据，也就意味着行政机关可能败诉。所以，行政机关有必要对作出的具体行政行为负举证责任。

其二，对具体行政行为的举证责任由被告承担具有现实可能性。行政诉讼所争议的具体行政行为，是行政机关在行使行政管理职权的过程中单方面作出的，而行政机关在行使行政管理职权的过程中，一方面享有对被管理人的活动进行调查取证的权利，另一方面对自己的行为有活动过程的记载，并且拥有大量的文件资料，因此，有条件承担举证责任。而从原告方面说，要举证证明自己没有违法行为是很困难的，罗马法上即有"否定者毋庸举证"的原则。而要求原告证明行政机关具体行政行为错误也很困难，原告并不了解行政机关作出具体行政行为的原因，也不可能了解行政机关作出具体行政行为所依据的大量烦琐的行政法规。如果让原告一方承担举证责任，则可能导致原告仅仅因举证困难而败诉的后果，这也是不符合公正原则要求的。

2. 原告举证的范围

《行政诉讼法》规定被告对作出的具体行政行为负举证责任，并不是说被告承担行政诉讼中一切事实的举证责任。由于行政诉讼的诉讼标的就是具体行政行为的合法性问题，所以说行政诉讼中被告承担主要的举证责任。但是在一定情况下，行政诉讼中的原告也要承担举证责任。

行政诉讼原告对下列事项承担举证责任：证明起诉符合法定条件，但被告认为原告起诉超过起诉期限的除外；在起诉被告不作为的案件中，证明其提出申请的事实；在一并提起的行政赔偿诉讼中，证明因受被诉行为侵害而造成损失的事实；其他应当由原告承担举证责任的事实包括：①证明被诉具体行政行为存在。在一般情况下，原告对具体行政行为的存在即被告曾作出了对其不利的具体行政行为应负举证责任，如行政机关作出的书面决定或者有关收据、证人证言。②对被告提供的证据进行反驳时，提供具体行政行为违法的证据。③对有利于自己的程序意义的事实负举证责任。④有关民事上的问题，仍然遵循"谁主张、谁举证"的原则。如行政赔偿案件中原告对被诉具体行政行为造成损害的事实、损害状况应负主要的举证责任。

（二）举证时限的规定

最高人民法院《若干问题的解释》第二十六条第二款之规定确定了行政诉讼领域的举证时限制度，即被告应当在收到起诉状副本之日起十日内提交答辩状，并提供作出具体行政行为的证据、依据；被告不提供或无正当理由逾期提供，应当认定该具体行政行为没有证据、依据。行政诉讼举证时限制度的确立不仅有着纯粹诉讼法意义上的理论依据，而且还直接源自行政诉讼证据之特性。同时与行政诉讼相适应，其举证时限制度具有一系列的显著特点。

举证时限作为证据规则之一，是指负有举证责任的当事人应当在法律规定或法院指定的期限内提出用以证明其主张的相应证据，逾期不举证则承担证据失效之法律后果的一项诉讼期间制度。举证时限属于举证责任范畴内的概念。举证责任是诉讼当事人对自己提出的主张有提供证据加以证明的责任，其法律意义之一在于当事人未尽举证责任而使案件事实处于真伪不明的状态时，该当事人应承担由此引起的不利后果。因为法院对案件事实的认定需要建立在一个相对稳定的证据体系的基础之上，而证据的提供需要一个过程，因此，相对稳定的证据体系总是限定于一定期间范围内提供的证据，这需要通过举证时限来确定特定案件证据体系的范围。由此可见，举证时限制度是举证责任制度的有机组成部分。

（三）行政诉讼中调查取证的规定

《行政诉讼法》第三十三条规定："在诉讼过程中，被告不得自行向原告和证人搜集证据。"主要原因在于，一是可以促使行政机关及其工作人员认真行使职权，正确履行职责，不能草率从事，轻率地作出裁决或处理，克服行政的随意性；二是可以充分保障原告的合法权益，被告在原告已起诉从而进入诉讼程序的过程中，再去搜集证据，显然不利于保护原告的合法权益；三是行政程序最基本、最普遍的原则就是"先取证，后裁决"，如果被告在诉讼开始后忽然发现证据不足而又自行去搜集证据，与行政原则背道而驰，这是不允许的，而且这对原告和证人也会产生压力。但为了查明案件事实，迅速及时审结案件，保障行政机关合法性的行为，可以采用以下调查取证行为，作为被告取证权限制的一种补充。

1. 人民法院依照职权调查取证

《行政诉讼法》第三十四条规定："人民法院有权向有关行政机关以及其他组织、公民调取证据。"法律赋予了人民法院调查取证的职权。法院依职权调查取证，可以补充原、被告当事人所提供证据的不足，也可检验当事人提供证据的真伪，而且法院站在公正立场去调查取证，可以克服当事人取证的局限性、片面性、倾向性，不偏不倚，对案件事实有一个客观公正的判断，从而作出正确的判决。

2. 被告可以委托代理律师去调查取证

现在有一种观点认为：法律既然限制了被告的取证权，不允许被告在诉讼过程中向原告和证人搜集证据，那么作为被告的代理律师，其行为不能超越委托人的权利，只能在委托人本身的职权范围内活动，被告的代理律师也就理所当然地不能向原告和证人搜集证据。如果被告的代理律师能够在行政诉讼中调查取证，实际上就等于被告在取证，必将违反"先取证，后裁决"的原则，也违反《行政诉讼法》第三十三条的规定。因此，立法者从促进行政机关依法行政的目的出发，制定法律时，给予被告取证上的一定限制，这无疑是十分必要的。但法律并没有对被告的代理律师也作出明确的限制性规定。因此，在诉讼过程中，作为被告的代理律师完全可以去调查取证，这在法律上、在实践中都是可行的。《行政诉讼法》第三十条规定："代理诉讼的律师，可以依照规定查阅本案有关材料，可以向有关组织和公民调查，搜集证据，对涉及国家秘密和个人隐私的材料，应当依照法律规定保密。""经人民法院许可，当事人和其他诉讼代理人可以查阅本案庭审材料，但涉及国家秘密和个人隐私的除外。"

行政诉讼中的代理律师有阅卷权和调查取证权，对涉及国家机密和个人隐私的材料有保密的义务；而非律师的其他代理人则只能查阅庭审材料，且不包括涉及国家秘密和个人隐私的材料。这就是法律赋予被告代理律师的调查取证权，代理律师参与诉讼，肯定是在行政诉讼开始之后，不言而喻，被告的代理律师在诉讼过程中可以调查取证，这在法律上是可行的，而且与律师本身职责相符。

综上所述，被告虽然在取证上有一定限制，但仍可以通过人民法院的调查取证或代理律师的调查取证，获得确实、充分的证据，以便法院公正判决。不过，如果被告因此而依赖于法院与律师的取证，在作出具体行政行为之前，不进行细致深入的调查取证工作，那在法律上是极为错误的，在现实中也是十分有害的。有必要强调的是，我们不仅要保护原告的合法权益，也要维护被告的合法权益，不能强调一方而忽视另一方，加强被告举证责任，限制被告取证权利，是为了促进行政机关改善工作，依法行政；而通过法院和律师的调查取证作为被告取证权限制的一种补充，实际上是支持行政机关的依法行政，维护行政机关的权威。只有把这两方面有机地结合起来，才能真正体现立法者的意图，同时这也是人民法院审判的目的。

三、律师在行政诉讼取证中要注意的问题

律师要当好行政诉讼中被告的代理人，必须把握住行政诉讼的本质并加以灵活运用。

（一）律师应熟练掌握行政诉讼证据规则

作为行政诉讼案件的代理律师，应了解行政诉讼规则，并注意行政诉讼问题。

1. 取证规则

取证规则是人民法院、行政主体及其相对人和其他利害关系人搜集、调取证据所应遵循的程序、方法和应满足的条件。由于目前我国还没有统一的行政程序法，因此行政程序中的取证缺乏明确统一的规定。司法解释基于司法权力的局限，也不可能对行政程序中调取证据行为作出设定，只能通过对举证要求的规定，实现对取证行为的规范。事实上，司法解释第二部分“提供证据的要求”，就是

对取证行为的要求。如果取证不符合要求，举证当然就不可能符合要求，所以将这一部分归纳为取证规则。

2. 证据形式要件规则

所有证据都是形式和内容的统一。证据的形式要件是指证据在形式上所应满足的条件。证据形式应该说是审查判断证据可采信的重要内容和途径。证据材料能否被采用，除内容因素外，一定程度上也取决于证据形式是否符合法定条件。证据形式是在取证过程中形成的。加强对证据形式要件的理解认识，不仅可以规范取证行为，也有利于提高质证和认证水平。

3. 举证失权规则

举证失权指无正当理由超出法定举证期限，即丧失举证权利的制度。被告应在收到起诉状副本之日起十日内提供据以作出被诉具体行政行为的全部证据和规范性文件；因不可抗力或客观上不能控制的其他正当事由不能如期提供的，应在举证期限内提出延期举证申请，法院准许的，应在正当事由消除后十日内提供证据，逾期提供的，视为没有证据。原告或第三人应在开庭审理前或法院指定的交换证据日提供证据，因正当事由申请延期，法院准许的，可以在法庭调查中提供，逾期提供的，视为放弃举证权利。在一审程序中无正当事由未提供而于二审程序中提供的证据，法院不予接纳。对需要鉴定的事项负有举证责任的当事人，在举证期限内无正当理由不提出鉴定申请、不预交鉴定费用或者拒不提供相关材料，致使对案件争议的事实无法通过鉴定结论予以认定的，应当对该事实承担举证不能的法律后果。

4. 证据管理规则

行政诉讼证据的管理原来也一直无法可依。2000 年的司法解释对证据管理首次作了规定，即证据指导、分类编号、证据交接。

5. 补证规则

行政诉讼中的补证，是指案件已有证据尚不足以证明案件待证事实，当事人依法主动或应人民法院要求补充相关证据，从而证明案件待证事实的诉讼活动。从广义上讲，补证也属于举证，但两者是两个相对独立的诉讼行为。

6. 质证规则

质证是指一方当事人在行政法官的主持下，对对方证人所作的盘问。行政诉讼质证，指当事人及其委托代理人在法官的主持下，于证据交换或庭审中，对对方展示的证据进行辨认、质询、说明、解释以确定证据效力的活动。质证的价值，在于提高证据的可采性，寻找可定案证据，为认证作准备，它在很大程度上影响到法官的内心确信。

7. 认证规则

行政诉讼认证是法官对证据三大属性，即客观性、合法性、关联性所进行的综合审查判断。下列事实法庭可以直接认定：①众所周知的事实、自然规律及定理、按照法律规定推定的事实、已经依法证明的事实、根据日常生活经验法则推定的事实，当事人有相反证据足以推翻的除外。②原告确有证据证明被告持有的证据对原告有利，被告无正当事由拒不提供的，可以推定原告的主张成立。③生效的人民法院裁判文书或者仲裁机构裁决文书确认的事实，可以作为定案依据。但是如果发现裁判文书或者裁决文书认定的事实有重大问题的，应当中止诉讼，通过法定程序予以纠正后恢复诉讼。

（二）律师在取证时应注意的问题

1. 所取证据应符合形式要求

在接纳证据时，人民法院会严格按照证据形式要求进行逐项审查，如发现形式要件不全，及时给当事人、代理律师指出，要求其补证，而不是简单地把证据接纳下来，留待庭审时作为非法证据予以排除，这样做不利于发现客观事实。所以代理律师在取证过程中，应注意所取证据的形式。依2002年11月20日《最高人民法院关于行政诉讼证据若干问题的规定》（以下简称《证据规定》）第十条第（四）项规定，被告提供的被诉具体行政行为所依据的询问、陈述、谈话类笔录，应当有行政执法人员、被询问人、陈述人、谈话人签名或者盖章。

2. 注意特殊证据的特殊要求

《证据规定》规定了三种特殊证据：①域外证据，也就是证据在外国或法域范围之外形成的证据。对域外证据,代理律师应当说明来源,经所在国公证机关证明,并经中华人民共和国驻该国使领馆认证,或者履行中华人民共和国与证据所在国订立的有关条约中规定的证明手续。②外文证据。涉及外文书证或者外国语视听资料的,应当附有由具有翻译资质的机构翻译的或者其他翻译准确的中文译本,由专门翻译机构签名盖章。③涉秘证据。涉及国家秘密、商业秘密或者个人隐私的,代理律师应当作出明确标注,并向法庭说明,由法庭予以审查确认。

3. 应严格保障调查笔录的合法性和有效性

在司法实践中,对行政执法最为关键的是笔录证据。怎样保证笔录证据的有效性?这是一个很实际、很重要的问题。《证据规定》第十五条规定:"被告向人民法院提供的现场笔录,应当载明时间、地点和事件等内容,并由执法人员和当事人签名。当事人拒绝签名或者不能签名的,应当注明原因。有其他人在现场的,可由其他人签名。法律法规和规章对现场笔录的制作形式另有规定的,从其规定。"根据这一司法解释,在当事人拒绝签名或者不能签名的情形下,讯问人员应当注明原因,对于有其他人在现场的情形下,可由其他人签名。没有其他人在现场的情况下,是否要求必须有其他单位或组织派人到现场见证并签名,现行法律法规及司法解释中未作强制性规定。

4. 代理律师应注重"重物证,轻口供"的证据规则

在司法实践的七种证据形式中,物证的证明作用最大,所以在执法中应尽量搜集与案件有关的书证。代理律师应按照"重物证、轻口供"的原则,尽力搜集物证与书证。在没有这些的情况下,再注重搜集当事人及证人的口供证据。因为在司法实践中,物证书证有时即可说明案件的来龙去脉。律师应全面搜集证据,尽量避免出现"孤证"现象。根据《证据规定》,在形式合法的前提下,现场笔录的证明效力优于其他书证、视听资料和证人证言。但是为慎重起见,执法实践中也应当注重搜集其他证据,避免仅凭现场笔录来确定事实的现象。通过对现场笔录和现场录音、录像等形成的视听资料等其他证据材料的配合使用,利用相互联系、相互印证的各个证据形

成一个完整的证据链，这样，在行政诉讼的案件中才会处于不败之地。

5. 应注意保持多次调查笔录的统一性

对于案件，有的代理律师需要多次询问当事人，了解违法事实和违法商品的数量、价格等。所以，询问人最好在下一次调查的时候，仔细阅读上一次的笔录，对进一步核实的违法事实、数字进行统计，做到心中有数。那么，在询问过程中即使当事人的回答有出入，也能直接指出来，以便再一次确认，直到询问笔录最后达到统一。现实中有些代理律师由于没有仔细阅读上次笔录的内容，对有些事实、数字模糊，造成了多次调查笔录之间的矛盾，给案件的查处、结案工作带来极大的不便。

6. 应注意所取证据的合法性

行政处罚的调查取证应符合《中华人民共和国行政处罚法》（以下简称《行政处罚法》）的规定，否则即使具备证明具体行政行为事实的能力，亦属无效证据。如孙定卿诉上海市公安局普陀分局治安管理处罚一案，普陀公安分局在诉讼中所举之证据，其中两份询问笔录只有一名执法人员（《行政处罚法》规定不得少于两人）取证，显然不能作为证明具体行政行为合法的有效证据。

7. 应注意证据搜集、举证时间的相关规定

根据《行政诉讼法》的规定，代理律师所举证据必须是具体行政行为作出前。在诉讼过程中，代理律师不得自行向相对人和证人搜集证据。有的代理律师在调查取证的过程中不注意搜集、固定证据，一旦进入诉讼阶段，只能补正。这种情况下，已经违反了行政诉讼法对举证的时间和程序的规定，从而降低了办案效率。

8. 注意搜集的证据须能证明具体行政行为认定的事实

人民法院所作具体宣判行为必须具备一定的事实要件，且这些事实要件是由行政法规或规范性文件规定的。具体行政行为只有依托这些符合事实要件的证据，才足以证明该具体行政行为认定事实清楚。司法实践中，一方败诉相当一部分原因是由于所搜集的行政诉讼证据不能证实具体行政行为的法定构成要件。如杨秀全不服治安管理处罚一案，公安机关认定杨秀全有寻衅滋事的违法行

为，但诉讼中公安机关所举证据只能证明其殴打他人的事实，而寻衅滋事与殴打他人具有不同的法定构成要件，对证据证明内容的要求亦是完全不同的。

9．代理被告诉讼的律师可否向原告和证人取证

由于《行政诉讼法》第三条规定，在诉讼过程中，被告不得自行向原告和证人搜集证据，又由于诉讼代理人以委托人的委托授权为代理根据，有人据此认为代理被告诉讼的律师也不得向原告和证人取证。笔者认为，这种认识是错误的。如果以这种思想来指导实践，就会限制或剥夺律师合法的诉讼权利，以致影响律师代理诉讼乃至行政诉讼的顺利进行。

实际上，代理被告诉讼的律师是可以向原告和证人搜集证据的。这是因为：

第一，《行政诉讼法》第三条规定的是被告不得自行向原告和证人搜集证据。这就是说，法律规定的不得向原告和证人取证有两个限定：一是主体，以被告为限；二是方式，以被告自行为限。顾名思义，自行就是自身而为之。之所以作这样的限定，是基于行政机关决定具体行政行为应遵循先取证后决定的法定程序。决定具体行政行为所需要的证据，应当在决定之前而不是在决定之后搜集，在事实不清、证据不足的情况下，行政机关不应轻率作出决定。这是依法行政、维护行政相对人合法权益的基本要求。如果法律允许被告在诉讼过程中可以向原告和证人取证，就会助长行政机关轻率决定行政行为的情况。这不仅不利于行政机关不断提高执法水平，也不利于维护行政相对人的合法权益，因而有悖于行政诉讼的本来目的。至于代理被告诉讼的律师是否可以向原告和证人取证，《行政诉讼法》并未作出明确的规定。因此，我们不能由此推出代理被告诉讼的律师不得向原告和证人取证的结论。

第二，《行政诉讼法》第三十条的规定，实际上是间接地规定了代理被告诉讼的律师可以向原告和证人取证。法条是这样规定的：代理诉讼的律师可以向有关组织和公民调查、搜集证据。这里值得注意的是，代理诉讼的律师已如前所述，包括：①代理当事人诉讼的律师，包括代理原告诉讼的律师和代理被告诉讼的律师；②代理当

事人之法定代理人诉讼的律师。如果把代理被告诉讼的律师从代理诉讼的律师中排除在外，这不仅在逻辑上讲不通，而且也不符合法律的其他规定。这里所说的可以向有关组织和公民调查搜集证据，指的是可以向与代理诉讼有关的组织和公民调查取证。具体地说，有关组织和公民包括原告、被告、第三人、证人以及其他诉讼参与人。如果认为代理原告诉讼的律师可以向有关组织和公民调查和取证，而代理被告诉讼的律师则只可以向其中的部分人调查取证，显然有失公平。因此，代理被告诉讼的律师同样可以向原告和证人调查取证是明确无疑的。

第七章　行政诉讼法律适用

一、律师如何理解行政诉讼法律适用

行政诉讼中的法律适用，是指人民法院审理行政案件，作出判决、裁定时适用的实体法依据问题。从用语的准确和方便上说，人民法院作出判决、裁定的实体法适用，称为行政裁判的依据较为合适。但由于《行政诉讼法》条文中已经使用了“依据”一词，且与我们在这里所说的裁判依据有差异，为避免理解上的偏差，本书所使用的“依据”“参照”与《行政诉讼法》条文的含义保持一致，而在论述人民法院审理行政案件所适用的规范性文件时使用“根据”一词，或称为行政诉讼中的法律适用。

行政裁判的根据是指人民法院审理行政案件的实体法根据，而不是指人民法院审理行政案件的程序法根据。人民法院审理行政案件的程序法根据是行政诉讼法，包括以法典形式出现的《中华人民共和国行政诉讼法》，也包括其他法律、法规中有关行政诉讼的规定。

人民法院审理行政案件的实体法根据，是人民法院在审理行政案件时在查清案件事实的基础上，确定当事人之间的权利义务关系，判断具体行政行为是否合法的标准。

二、《行政诉讼法》的具体规定

关于人民法院审理行政案件的根据，《行政诉讼法》从两个方面作出了规定。

（一）以法律和行政法规、地方性法规为依据

所谓依据，是指人民法院在审理行政案件时，在查清事实的基

础上，应以法律、行政法规、地方性法规等作为处理行政纠纷的标准和尺度，以此来衡量和判断行政行为是否合法，从而确认当事人之间的权利义务关系。《行政诉讼法》第五十二条规定："人民法院审理行政案件，以法律和行政法规、地方性法规为依据。地方性法规适用于本行政区域内发生的行政案件。人民法院审理民族自治地方的行政案件，并以该民族自治地方的自治条例和单行条例为依据。"

"法律"是指全国人民代表大会及其常务委员会根据宪法，依照立法程序制定和颁布的规范性文件。"行政法规"是指国务院根据宪法和法律，依照行政法规的制定程序，制定和颁布的规范性文件。"地方性法规"是指由省、自治区、直辖市以及省、自治区人民政府所在地的市和经国务院批准的较大的市的人民代表大会及其常务委员会根据本行政区域的具体情况和实际需要，在不同宪法、法律、行政法规相抵触的前提下按法定程序制定的规范性文件的总称。目前国务院批准的较大的市有大连、青岛、唐山等市。"自治条例、单行条例"指由民族自治地方的人民代表大会依照当地民族的政治、经济和文化的特点制定的规范性文件，以及法律规定由民族自治地方对某项法律所作的补充或者变通规定。

（二）参照规章以下规范性文件

我国《行政诉讼法》第五十三条第一款规定："人民法院审理行政案件，参照国务院部、委根据法律和国务院的行政法规、决定、命令制定、发布的规章以及省、自治区、直辖市和省、自治区的人民政府所在地的市和经国务院批准的较大的市的人民政府根据法律和国务院的行政法规制定、发布的规章。"依此规定，人民法院审理行政案件，参照两类规章，即部、委规章和地方人民政府规章。

所谓参照，是指参考并仿照规章的有关精神审理行政案件，但不能完全依据规章，即人民法院在审理行政案件时，并不是无条件地援引和适用规章，而是要进行一定程度的审查。这是因为，虽然由于现当代行政法的发展，行政机关拥有一定范围、一定事项的立法权，但是从严格的法治角度说，任何人、任何组织都应在宪法和法律规定的范围内进行活动,行政机关所制定的规章也不应违法。因此,司法应保留对行政规章的一定程度的审查权。

人民法院对规章的审查主要包括以下方面:第一,规章的制定是否合法,包括规章的制定主体是否合法和规章的制定程序是否合法两方面的内容。前者如规章是否为有权限的行政机关所制定,以及有无超越权限等情况。第二,规章的内容是否符合法律、法规的规定,有无与现行法律、法规相抵触,规避法律、法规,违反国家法律的总的原则和精神,以及规章之间相互矛盾的情况等。

人民法院对规章进行审查后,一般有以下处理办法:第一,对符合法律、法规规定的规章,人民法院要参照审理。人民法院审理行政案件,可以在裁判文书中引用其认为合法有效的规章及其他规范性文件。第二,对不符合或者不完全符合法律、法规原则和精神的规章,人民法院不参照审理,而直接依据法律、法规审理。第三,对于规章之间规定不一致的,《行政诉讼法》第五十三条第二款规定:"人民法院认为地方人民政府制定、发布的规章与国务院部、委制定、发布的规章不一致的,以及国务院部、委制定、发布的规章之间不一致的,由最高人民法院送请国务院作出解释或者裁决。"在此情况下,人民法院有权暂时不予参照。第四,人民法院认为相应规章违法、越权,或者规避法律,或者违反制定程序,只能不适用相应规章或者相应规章的相应条款,而不能撤销相应规章或者宣布相应规章的相应条款无效,但可以向权力机关或者相应行政机关提出司法建议,要求撤销或者改变相应规章。

三、律师在行政诉讼法律适用中应注意的问题

(一) 科学判断一个规范性文件是法律、法规还是规章

判断一个规范性文件是法律、法规还是规章,不是看其名称,而是看其制定的主体和制定程序,要看其是否由有权制定的主体依据相关的制定程序制定和发布的。但是,人民法院对于《行政诉讼法》所规定的审理行政案件依据的规范性文件,并非绝对不予审查地加以适用。这些规范性文件也有效力层次的制约和制定主体是否有

立法权限的问题。如《行政处罚法》对行政处罚的种类和法律、行政法规、地方性法规及行政规章设定行政处罚的权限作了明确的规定，其中规定行政法规可以设定除限制人身自由以外的行政处罚，地方性法规可以设定除限制人身自由、吊销企业营业执照以外的行政处罚。如果行政法规、地方性法规设定了其自身无权设定的行政处罚种类时，该规定因违反法律规定而无效，从而不能作为人民法院审理案件的依据。

（二）行政法规的法律适用问题

行政法规在国家的行政管理中，占有重要的法律地位，是国家行政管理方面极为重要的法律依据。行政主体相当数量的具体行政行为都是根据行政法规的相关规定作出的，其效力一般及于全国。因此，行政法规的内容或某些规定一旦违法或不当，就会给公民、法人和其他组织的合法权益造成重大损害。假设某一行政主体根据其内容有违法或不当规定的行政法规作出了具体行政行为，行政相对人提起诉讼时，人民法院也只能据此作出维持判决。这样，既不能保护行政相对人的合法权益，也不能纠正违法的具体行政行为，而且由于行政法规具有反复适用的效力，还会造成其他具体行政行为的适用和违法，会出现更多的侵犯公民、法人和其他组织合法权益的行为。从法理和法律的规定上看，判定行政行为是否违法的最终确定权在人民法院而不是行政机关。如果坚持把所有的行政法规作为人民法院审理行政案件的依据，不仅违背法理和法律的相关规定，而且与依法治国的基本方略大相径庭。

（三）地方性法规的法律适用问题

地方性法规也是人民法院审理行政案件的依据。《中华人民共和国立法法》对地方性法规制定的规定是有前提条件的：一是地方性法规不得同宪法、法律、行政法规相抵触，省、自治区的人民代表大会常务委员会（以下简称“人大常委会”）对报请批准的地方性法规，应当对其合法性进行审查。据此，地方性法规是否合法的审查权在于该制定主体所在的人大常委会，这种规定本身就存在缺陷。

因为制定和审查同为一个机关是难以达到合法性审查目的的。地方性法规是否合法的审查权限主体或者是国务院或者是全国人大常委会。此外,地方性法规是根据本行政区域的具体情况和需要制定的,所以在理论上不能完全排除出于地方利益考虑而制定或存在违法或不适当的情形。一旦这种可能性变成了现实,人民法院也仍然要适用这些地方性法规作出判决,其结果必然会对行政相对人的合法权益造成侵犯。二是“国家尚未制定法律或者行政法规的”。由于没有法律和行政法规的规定,地方人大常委会对其合法性的审查就失去依据,也就很难保证所制定的地方性法规的合法性。我国地域辽阔,各个省、区的实际情况存在着较大差异,也很难保证所有省、区所制定的地方性法规都是合法的。

(四) 规章的法律适用问题

人民法院审理行政案件参照规章。从该规定和相关的司法解释上看,人民法院应该参照适用合法的规章,反之则不予参照适用。《行政诉讼法》第二条和第十二条规定人民法院对规章是否合法无司法审查权,但第五十三条则规定其享有是否参照适用的选择权。既然人民法院无权审查规章的合法性,那么,其在选择是否适用规章时的根据又是什么?显然,这是一个矛盾性的规定。法律适用规范应该是刚性的法律规定而非人民法院的柔性选择。假设人民法院决定不参照某一规章,则该规章就应该被认定是违法的,但这种认定的法律效力又体现在哪里?法律规定,人民法院认为规章规定不一致的,由最高人民法院送请国务院作出解释或者裁决。这一规定意味着人民法院要听从国务院的解释或裁决。根据国家权力分工行使、相互监督的原则,国务院无权对人民法院的法律适用问题进行干涉,其解释或裁决不具有最高的法律效力,因而也不能最终确定规章是否合法的问题。此外,规章的内容难免会存在出于部门或地方利益考虑的情形。当人民法院决定参照这类规章时,就等于用司法权保护了部门或地方利益,进而会损害行政相对人的合法权益。因此,把规章作为人民法院审理行政案件的依据是与建设法治国家不相符的。

（五）正确认定行政法律、法规的溯及力

行政法律、法规的溯及力，是指其时间上的效力，所要解决的是行政规范对其生效前的行为是否具有约束力。是否适用溯及力，应从相对人是否依法享有某种权利或者是否应承担某种义务来考察，具体情况具体分析。

（1）对于剥夺或者限制相对人权利的行政法律法规，采取从旧兼有利于相对人的原则。即如果行为发生时的规范不认为是违法，或者设定的处罚较轻，而新的规范认为是违法，或设定的处罚较重，就应从旧法；行为发生时的规范认为是违法，或设定的处罚较轻，就应适用新法，以有利于相对人。

（2）对于为相对人设立权利的法律、法规应当采取从新原则。即新的行政法律、法规对其生效前的行为一律有溯及力。适用这一原则的依据是：权利一经设定就会有一定的持续性，设定权利不像实施处罚那样，社会后果已经发生，当事人的行为已经终结。相反，权利一经设立其效力是向后延续的，非经法定程序并依法定条件就不能剥夺，因此要采用从新原则。

（3）对于为相对人设定义务的法律、法规应当依相对人履行义务的时间界限来确定溯及力。即相对人承担义务应在新法生效后履行的适用新法，反之则适用旧法。按此原则确认义务的承担，一方面，可以按时间的推移和法规的变动来考虑相对人是否有履行义务之必要。因为行政法上的义务具有一定的时间性，在此时需要公民履行这种义务，在彼时则不一定需要公民履行这种义务了。另一方面，可以根据履行义务的时间来防止相对人以时间为借口规避法律。

（4）对于为相对人设立程序上的权利的法律、法规，采取从新兼有利相对人的原则。例如，旧法没有规定诉权而新法规定了诉权时，则允许当事人起诉；旧法规定有诉权而新法没有规定，则按旧法允许当事人起诉，这样做可以保障公民尽可能地充分运用宪法赋予的申诉权利，维护其合法权益，同时保障法院对具体行政行为实行司法监督。

（六）认真鉴别法律、法规以外的一般性规范文件

基层行政机关出于执法方便制定了不少的规范性文件，如决议、决定、通知、指示等，它们平时不仅按此规范进行行政管理，甚至还依此实施处罚。如果简单地按《行政诉讼法》的规定，审理行政案件依照法律、法规，参照规章，那么这些红头文件，大多数不是规章，连参照的资格都不够。但是，完全不予考虑的话，又会给行政管理和行政审判带来很多问题。最典型的是：在没有法律、法规可依，甚至没有规章可以参照的情况下，或者虽有法律、法规，但该条规范相当笼统，不足以解决复杂问题的时候，行政机关和审判机关怎样行使职权？因为严格意义上的依法行政目前在我国尚不完全具备条件，而行政管理的不间断性和复杂性又要求行政机关不断地去处理各种各样的复杂问题。

因此，一方面，要肯定一般性的规范文件不是裁判依据；另一方面，又要承认它是执行法律、法规的具体手段和对法律、法规的有效补充。一概排除，不仅法院在审判某些行政案件时有诸多不便，而且会严重影响基层行政组织管理社会事务的积极性。若毫无选择地参照，又必将给以言代法和地方保护主义赋予法律的效力。为了避免上述两种倾向，对一般性规范文件必须认真鉴别。认真鉴别，是审查这些规范文件有无法律、法规上的依据，是否依照交代了诉权的法律、法规制作；发布文件是否有委托或授权，是否越权制作或发布；是否与法律、法规相冲突；是否随意对法律、法规作了限制或扩大解释；是否出于善良愿望，是否夹杂打击报复或严重的地方保护主义成分，是否经过草拟、讨论、审批、研发程序，等等。鉴别的办法主要是看两头，一方面，要符合国家法律、法规的精神，这是最根本的，以考察其依据性；另一方面，要符合当地实际情况，具有群众基础，以考察其可行性。

（七）慎重适用行政冲突规范

行政冲突规范，是针对同一行为进行管理或对同一案件进行审判时，由于适用不同的行政法规，就会得出不同的结果。行政规范

的冲突，实质上反映了地方利益、部门利益之间的矛盾，表现出立法的不完善和不协调，也是行政管理和行政审判在适用法律上的一个难点。因此，要注意不同等级冲突规范的适用。这是从纵的方面考察行政规范效力的办法。一般来说，低级规范都是依高级规范产生的，在其设立事项上不会产生上下冲突。但是，由于下级行政机关对高级规范的误解或过分强调自身利益、地区利益，就容易表现绝对化或者走向极端，产生上下级规范的冲突。常见的上下级规范冲突，有制裁条件、手段、幅度、权限方面的；有稳定相对人承担义务的条件、数量、范围、性质方面的；有相对人享受权利的条件、数量、范围、性质方面的；有特定术语的扩大和缩小解释方面的。对不同等级冲突规范的选用原则，首先是越权无效，谁越权谁无效；其次是下级服从上级，即在未越权制定的高级规范与低级规范相矛盾时，选择适用高级规范。

第八章 行政诉讼审理程序

一、律师如何理解行政诉讼的审理程序

（一）第一审程序

第一审程序主要是进行庭审和宣判，其中庭审是关键。庭审由庭审准备、法庭调查、法庭辩论、法庭评议等程序构成。第一审在整个行政诉讼中非常关键，特别是在事实部分，更是起到决定性的作用。

开庭审理是指人民法院在当事人和其他诉讼参与人的参加下，依照法律规定的形式和顺序，查清案件事实，分清是非责任，对案件作出处理决定所进行的诉讼活动。开庭审理具有这样几个特点：诉讼法律关系主体同时参加诉讼活动；当事人充分行使诉讼权利；全部证据受到审判核实。同时，开庭审理应当具有一定的形式和顺序。

（二）第二审程序

对人民法院一审作出的裁判，如果当事人不服，可以提起上诉。对此，我国《行政诉讼法》规定了第二审程序，二审程序中大部分的规定与一审程序相同。但是，律师应当准确把握二审程序中的上诉条件、上诉程序、审理方式以及人民法院对二审案件的处理。

1. 上诉的条件

在法定的时间内，当事人如果对第一审法院尚未生效的判决或者裁决不服，可以向上级人民法院提出上诉，上级人民法院进行审理的程序，叫上诉审程序。上诉是当事人的一项重要的诉讼权利，是由我国实行两审终审的审级制度决定的。是否提出上诉，只能由当事人自己决定。为了充分保障当事人合法的上诉权，法律不仅规

定了原告的上诉权，还规定了被告的上诉权。也就是说，作为行政机关的被告，法律也赋予它合法的上诉权。

上诉的条件既是当事人提起上诉必须具备的要件，也是人民法院受理上诉案件的法定条件。只有符合法定条件的上诉，才能启动第二审程序。上诉必须满足四个条件：一是上诉必须针对未发生法律效力的第一审判决、裁定，其中裁定只限于不予受理、驳回起诉和管辖意义的裁定。已经生效的第一审判决和法律规定不得上诉的裁定，当事人不得提起上诉。二是上诉人和被上诉人必须是一审程序中的当事人。上诉人是指不服第一审未生效的判决、裁定，请求第一审人民法院的上一级人民法院重新审理和作出裁判的一审程序中的当事人。三是必须在法定的上诉期限内提出上诉。上诉期限是《行政诉讼法》规定的当事人行使上诉权的法定期限。根据《行政诉讼法》第五十八条规定，不服判决的上诉期限为十五天，不服裁定的上诉期限为十天。如果当事人因不可抗力或者其他特殊情况耽误了上诉期限的，可以在障碍消除后的十天内，向人民法院申请延长上诉期限，是否准许，由人民法院审查决定。四是上诉的方式必须合法。当事人必须以书面形式提起上诉，即提交上诉状。口头表达的上诉没有法律效力。

被上诉人是在一审程序中与上诉人相对的另一方当事人。在确定上诉人和被上诉人时，应当注意以下两个特殊问题：一是如果第一审程序中所有当事人均提起上诉，如何确定它们的诉讼地位？对于这个问题，《行政诉讼法》未作出明确的规定，最高人民法院《若干问题的解释》第六十五条规定，第一审人民法院作出判决和裁定后，当事人均提起上诉的，上诉各方均为上诉人。诉讼当事人中的一部分提出上诉的，没有提出上诉的当事人为被上诉人，其他当事人依原审诉讼地位列明。二是如何确定共同诉讼的上诉人和被诉人？根据《行政诉讼法》第二十六条规定，共同诉讼分为必要的共同诉讼和非必要的共同诉讼。在一审判决、裁定后，共同诉讼人中部分当事人提起上诉，确定被诉人应当区别对待。在必要的共同诉讼中，由于被诉的具体行政行为是“同一的”，因而实质上是一种不可分之诉，不论哪一方的哪一部分当事人提出上诉，必然会涉及其他共同诉讼人。在非必要的共同诉讼中，由于被诉的具体行政行为是“同样的”，因而实质上是一种可分离之诉，部分当事人提起上诉，所涉及的只是属于这个诉的其他当事人的权益，而不会涉及属于上诉的其他诉的当事人的权益，因此，未上诉的当事人可以不列入有关的法律文书中。

2. 提出上诉的程序

上诉既可以通过原审人民法院提出，也可直接向第二审人民法院提出。当事人提出上诉，应当按照其他当事人或者诉讼代理人的人数提出上诉状的副本。当事人直接向第二审人民法院提出上诉的，第二审人民法院应当在五日内将上诉状副本送达其他当事人。对方当事人应当在收到上诉状副本之日起十日内提出答辩状。被上诉人不提交答辩状的，不影响人民法院对上诉案件的审理。

原审人民法院在收到上诉状、答辩状后，应当在五日内连同全部案卷和证据材料报送第二审人民法院。已经预收诉讼费用的，一并报送。

3. 第二审的审理方式

人民法院对上诉案件，可以采取开庭审理和书面审理两种方式。

开庭审理，是指人民法院在当事人和其他诉讼参加人的参加下，依照法律规定的形式和顺序，查清案件事实，分清是非责任，对案件进行处理所进行的诉讼活动。第二审人民法院审理行政上诉案件，在一般情况下，应组成合议庭开庭审理。当事人对原审人民法院认定的事实有争议的，或者第二审人民法院认定原审人民法院认定事实不清楚的，第二审人民法院应当开庭审理。开庭审理，便于调查案情，弄清事实，查明当事人之间争议的症结所在，有利于作出正确判决。

书面审理，是指第二审人民法院对于事实清楚的上诉案件，不经过开庭，而通过对第一审人民法院报送的案件材料和当事人提供的证据的审查，直接作出判决或者裁定的一种审理方式。《行政诉讼法》规定，在人民法院认为上诉案件事实清楚的情况下，也可以采取书面审理的方式。我国地域辽阔，当事人所在地往往与中级人民法院、高级人民法院相距较远，对于事实清楚的行政案件实行书面审理，便利当事人进行诉讼，便于人民法院办案，因此可以适当合理利用书面审理这一庭审方式。行政诉讼中第二审程序所采用的书面审理的方式，与民事诉讼中第二审程序所规定的“径行判决”是不同的。《行政诉讼法》规定，人民法院审理第二审行政案件，应当组成合议庭；经过阅卷和调查，询问当事人，在事实核对清楚后，合议庭认为不需要开庭审理的，也可以径行判决。书面审理则不需要询问当事人，而直接对书面的证据和材料进行审理。

4. 行政上诉的撤回

撤回行政上诉，是指上诉人在第二审人民法院受理后，作出二审裁判前，撤回自己已提出的上诉请求的一种诉讼行为。提起上诉是当事人依法享有的诉讼权利；撤回上诉则是上诉人处分该诉讼权利的具体表现，也是《行政诉讼法》赋予上诉人的一项重要的诉讼权利。

撤回上诉必须满足以下四个条件：①撤回上诉的时间必须在第二审人民法院受理上诉后，宣告判决、裁定之前，否则，不可能发生撤回上诉的问题。②撤回上诉必须出于上诉人的真实意思表示。如果经法院查实上诉人申请撤回上诉并非出于自愿，则可不予准许撤回上诉。③撤回行政上诉不得损害国家、社会的公共利益和其他人的合法权利。如果上诉人申请撤回上诉是为了不承担法律责任，则人民法院可以裁定不予准许。④是否准许上诉人撤回上诉，必须由第二审人民法院以裁定形式作出决定。

（三）再审程序

行政纠纷经过了一审、二审程序的审理，获得一个生效裁判，根据我国《行政诉讼法》的“两审终审制”的规定，普通诉讼程序就结束了。但是，如果当事人对诉讼结果不满意，或者认为在已生效的行政裁判中还存在错误，并且损害了其合法权益，那么这时我们还有最后一个获得司法救济的渠道，就是进入再审程序。再审是人民法院对裁判已经发生法律效力的案件再一次进行审理并重新作出裁判的诉讼活动。通常情况下，裁判一旦生效，就必须维护其稳定性和权威性，当事人不得再对此裁判确认的实体法律关系进行争议，法院也不得随意撤销或者变更该裁判。所以，再审程序的提起，有严格的范围和条件限制。同时，再审程序还体现了对人民法院审判活动的监督，所以再审程序的启动主体不限于当事人。在我国，再审程序的启动分为当事人申请、人民法院依职权决定、人民检察院抗诉三种方式。

二、我国行政诉讼审理程序的具体规定

（一）第一审程序的具体规定

《行政诉讼法》没有具体规定开庭审理的程序，依照有关规定，行政案件开庭审理的程序可以比照《民事诉讼法》的规定，分以下几个阶段进行。

1. 预备阶段

（1）人民法院审理案件，应当在开庭三日前通知当事人和其他诉讼参与人。公开审理的案件，应当公告当事人姓名、案由和开庭时间、地点。

（2）开庭审理前，书记员应当查明当事人和其他诉讼参与人是否到庭，宣布法庭纪律。

（3）开庭审理时，由审判长核对当事人，宣布案由，宣布审判人员、书记员名单，告知当事人的诉讼权利和义务，询问当事人是否申请回避。

2. 法庭调查阶段

法庭调查是行政案件审理进入了实质性阶段，它是开庭审理的核心。这一阶段的主要任务是，通过当事人对案件事实的全面陈述，发表意见，将所有的与本案有关的证据在法庭上进行质证、核对，以彻底查清案件的事实真相，为正确裁判和裁定奠定基础。法庭调查的内容是：

（1）当事人作陈述。在法庭调查时，当事人可以对各自的诉讼主张和所依据的事实、理由和证据进行全面的、充分的阐述和说明。当事人陈述的顺序是原告、被告和第三人先后依次陈述。诉讼代理

人可以在被代理人陈述后根据需要作补充性陈述。审判人员在必要时也可以就案件的事实进行询问。

当事人陈述过程中，审判人员应当引导当事人紧紧围绕与案件有关的事实进行陈述，对当事人与案件无关的陈述可以制止。同时，审判人员还应当充分保障各方当事人享有平等的陈述权，对作为被告的行政机关不得有任何偏袒的倾向。

（2）证人出庭作证，宣读未到庭证人的书面证言。对当庭作证的证人，应当告知其如实作证的义务和作伪证的法律责任。证人陈述完毕，审判人员可以采取提问的方式对证人进行询问，当事人及其诉讼代理人经法庭许可，可以向证人进行发问。证人未到庭的，由法院宣读书面的证人证言，并允许当事人发表意见。

（3）出示书证、物证和视听资料。对当事人提供和人民法院搜集的书证、物证和视听资料应当庭出示，以查明真伪。对法庭所出示的证据，审判人员应当询问当事人对这些证据的意见，当事人可以对这些证据发表自己的看法。

（4）宣读鉴定结论。经法庭许可，当事人可以向鉴定人发问。如鉴定人未出庭的，在审判人员宣读鉴定结论后，应当询问当事人是否有意见。

（5）宣读勘验、现场笔录。对现场和物证进行勘验而制作的笔录，应当由勘验人员或审判人员宣读，如附有照片或图像的，应当一并出示。审判人员应当询问当事人对此类证据是否有意见。经法庭许可，当事人可以向勘验人员发问。

（6）当事人在法庭可以提出新的证据。当事人也可以要求法庭就某些事实和证据重新进行调查、鉴定和勘验。

根据法律规定，所有与案件有关的证据都必须在庭审过程中给予核实，否则不能作为定案的依据。如果审判人员认为案件的事实已经清楚，当事人也没有提出新的证据，即可结束法庭调查转入法庭辩论。

3. 法庭辩论阶段

法庭辩论是开庭审理的又一个重要阶段，它是在审判人员的主持下，当事人及其诉讼代理人对案件的事实认定和法律适用提出自己的看法，并对对方当事人的主张进行反驳的一种诉讼活动。法庭辩论是当事人行使辩论权的集中体现，通过辩论可以使审判人员全面、充分地听取当事人各方的主张和意见，为正确认定事实、适用法律奠定基础。

(1) 法庭辩论应当按照一定的程序进行。法庭辩论必须在审判人员的主持下进行，辩论的顺序是：①原告及其诉讼代理人发言；②被告及其诉讼代理人发言；③如有第三人，则由第三人接着发言；④互相辩论。

法庭辩论终结，由审判长按原告、被告的先后顺序征询双方最后意见。

(2) 法庭辩论必须以法庭调查为基础。经过法庭调查核实的事实和证据是进行法庭辩论的基础。如果当事人在辩论时提出新的事实和证据，而审判人员认为与案件有关的，可以宣布中止辩论，重新进行法庭调查。

(3) 法庭辩论应当围绕案件中存在争议的事实、证据和适用法律问题展开，任何与案件无关的辩论内容，审判人员有权提示或者给予制止，否则不利于法庭对案件事实的调查。

(4) 当审判人员认为诉讼当事人已经将自己的观点陈述完毕，没有新的观点时，可以在当事人最后陈述后终结法庭辩论。由于行政诉讼不适用调解，在法庭辩论后可进入合议庭评议。

4. 合议庭评议阶段

在法庭辩论结束后，所有的合议庭成员将退庭，要对案件事实、适用法律作出评议，对当事人的争议作出处理意见。同时，合议庭成员还应就诉讼费用的负担等问题作出决议。在评议的过程中，实行少数服从多数原则。最后，应将评议情况制成笔录，由合议庭成员签名。评议中的不同意见，必须如实记入笔录。

5. 宣判阶段

宣判是指人民法院将对案件的判决结果向当事人和社会公开宣告的一种诉讼活动。对于不公开审理的行政诉讼案件，其判决的结果同样应当公开宣告。

宣告判决有当庭宣告和定期宣告两种形式。当庭宣告的一般程序是:合议庭成员在评议完毕入席重新就座后,由审判长根据评议的结果当庭宣告判决结果。当庭宣判的,人民法院应当在十日内送达判决书。定期宣判是在庭审结束后,由审判长决定宣布定期宣告的时间或者宣布宣判日期另行通知。定期宣判的,人民法院应当在宣判后立即发送判决书。宣判标志着行政诉讼第一审程序的结束。

(二) 第二审程序的具体规定

《行政诉讼法》及有关司法解释规定,人民法院审理上诉案件,按照下列情形,分别予以处理:①原判决认定事实清楚,适用法律、法规正确的,判决驳回上诉,维持原判。②原判决认定事实清楚,但适用法律、法规错误的,应当依法作出改正原判决的判决,只就适用法律部分予以改正,不变动有关认定事实部分。③原判决认定事实不清,证据不足,或者由于违反法定程序可能影响案件正确判决的,应当作出裁定,撤销原判决,发回人民法院重新审理。原审判决遗漏了必须参加诉讼的当事人或者诉讼请求的,第二审人民法院应当裁定撤销原审判决,发回重审。当事人对重新审理案件的判决、裁定,可以上诉。对发回重审的案件,原审人民法院应当另行组成合议庭进行审理。④原判决认定事实不清,证据不足,或者由于违反法定程序可能影响案件正确判决的,上诉审理法院也可不发回原审人民法院重审,而是自行审理,在查清事实的基础上依法改判。第二审人民法院审理上诉案件,需要改判时,应当撤销、部分撤销一审判决,并应当同时对被诉具体行政行为作出判决。⑤原审判决遗漏行政赔偿请求,第二审人民法院经审查认为依法不应当予以赔偿的,应当判决驳回行政赔偿请求。原审判决遗漏行政赔偿请求,第二审人民法院经审查认为依法应当予以赔偿的,在确认被诉具体行政行为违法的同时,可以就行政赔偿问题进行调解;调解不成的,应当就行政赔偿部分发回重审。当事人在第二审期间提出行政赔偿请求的,第二审人民法院可以进行调解;调解不成的,应当告知当事人另行起诉。⑥第一审人民法院作出实体判决后,第二审人民法院认为不应当受理的,在撤销第一审人民法院判决的同时,可以发回重审，也可以径行驳回起诉。

同时，我国《行政诉讼法》对一审裁定不服提起上诉的处理也作了相应规定。依据我国《行政诉讼法》的规定，裁定主要适用于起诉不予受理、驳回起诉、管辖异议、诉讼期间停止具体行政行为的执行或者驳回停止执行的申请、财产保全和先予执行、准许或者不准许撤诉、补正判决书中的笔误、中止或者终结执行等情况。其中对于不予受理、驳回起诉和管辖异议的裁定可以提起上诉。我国《行政诉讼法》对一审裁定不服提起上诉的处理的规定如下：①第二审人民法院审理不服第一审人民法院裁定不予受理的上诉案件，如认为该案应予受理，应当裁定撤销第一审裁定，指令原审人民法院立案受理。②第二审人民法院审理不服第一审人民法院裁定驳回起诉的上诉案件，如认为一审裁定有错误，应裁定撤销第一审裁定，发回原审人民法院重新审理。③第二审人民法院审理不服一审人民法院裁定管辖权异议的上诉案件，上诉审法院应当在法定期限内，对上诉进行审查，并作出最终裁定。当事人在接到该最终裁定后，必须按上诉裁定书中所确定的管辖法院参加诉讼，否则，视为自动撤诉或者不应诉。

（三）再审程序的具体规定

《行政诉讼法》规定，人民法院审理上诉案件应当在收到上诉状之日起两个月内作出终审判决。有特殊情况需要延长的，由高级人民法院批准；高级人民法院审理上诉案件需要延长的，由最高人民法院批准。审理期限的计算与一审程序相同。

1. 再审程序的提出

人民法院对已经发生法律效力的判决、裁定，发现有违反法律、法规的情形而依法进行再次审理的程序，称为审判监督程序，或者简称再审程序。由于行政决定再审的机关不同，提起行政再审程序也各不相同。依据我国《行政诉讼法》的规定，提起再审的程序有以下几种情形：

（1）各级人民法院院长对本院已经发生法律效力的判决、裁定，发现违反法律、法规规定，认为需要再审的，应当提交审判委员会决定是否再审。

（2）上级人民法院对下级人民法院已经发生法律效力的判决、裁定，发现违反法律、法规规定的，有权提审或者指令下级人民法院再审。

（3）人民检察院对人民法院已经发生法律效力的判决、裁定，发现违反法律、法规规定的，有权按照审判监督程序提出抗诉。

有下列情形之一的，属于《行政诉讼法》规定的“违反法律、法规”：原判决、裁定认定的事实主要证据不足；原判决、裁定适用法律、法规确有错误；违反法定程序，可能影响案件正确判决；其他违反法律、法规的情形。

2. 提出再审程序的主体

（1）作出生效判决、裁定的人民法院。依据《行政诉讼法》第六十三条规定，人民法院院长对本院已经发生法律效力的判决和裁定，发现违反法律、法规规定认为需要再审的，应当提交审判委员会决定是否再审。上级人民法院对下级人民法院已经发生法律效力的判决和裁定，发现违反法律、法规规定的，有权提审或者指令下级人民法院再审。据此，作出生效判决、裁定的人民法院有权提出审判监督程序。这种提起方式必须首先由院长进行审查，如果发现生效的判决、裁定确有错误，再提交本院的审判委员会讨论决定，院长本人无权直接提出再审。

（2）有权提出抗诉的人民检察院。在这里，提出抗诉的主体是最高人民检察院和上级人民检察院，即最高人民检察院对各级人民法院已经发生法律效力的行政判决和裁定，上级人民检察院对下级人民法院已经发生法律效力的行政判决和裁定，发现违反法律、法规规定的，应当按照审判监督程序提出抗诉。

地方各级人民检察院对同级人民法院的生效判决和裁定，不能提起抗诉。但地方各级人民检察院对同级人民法院已经发生法律效力的行政判决、裁定，发现违反法律、法规规定的，应当建议上级人民检察院按照审判监督程序提出抗诉。

（3）当事人的申诉。申诉是当事人的一项重要权利，是宪法赋予公民的民主权利在诉讼中的体现。具体而言，申诉是指法定的当事人、法定代理人对已经发生法律效力的判决和裁定，认为确有错误，向原审人民法院或者上一级人民法院提出对该判决和裁定进行复审的请求。

一般而言，合乎法定条件地行使该项权利就会引起诉讼法上一定的效果。如起诉权作为一项诉讼权利，符合条件地提起诉讼，就会引起人民法院受理的法律后果，从而引起诉讼程序的开始。又如当事人符合条件地提起上诉，就会引起上诉程序的开始。而当事人的申诉，即使符合条件，也不当然地引起审判监督程序。当事人的申诉只能为人民法院提供审查已经发生法律效力的判决和裁定是否错误的线索，当事人提起申诉，人民法院要加以审查，只有审判委员会、上级人民法院和人民检察院，才能提起审判监督程序。

具体而言，当事人的申诉应当满足以下条件：

一是当事人申请再审的对象是人民法院作出的已经发生法律效力的判决、裁定。

二是当事人认为已经发生法律效力的判决、裁定确有错误，可以向原审人民法院或者上一级人民法院提出申诉。

三是当事人的申诉不能直接引起审判监督程序的开始，应当由接受申诉的人民法院对申诉事实和理由进行审查，然后由法院决定是否提起再审。当事人提出申诉后，判决、裁定不停止执行。

四是根据我国《行政诉讼法》和最高人民法院《关于规范人民法院再审立案的若干意见（试行）》（2002 年 9 月 10 日生效）的相关规定，当事人申诉应当遵循下列程序：①当事人申请再审的期限。当事人申请再审，应当在判决、裁定发生法律效力后两年内提出。当事人对已具法律效力的行政赔偿调解书，提出证据证明调解违反自愿原则或者调解协议的内容违反法律规定的，可以在两年内申请再审。人民法院对行政案件的再审申请人或者申诉人超过两年提出再审申请或者申诉的，不予受理。②当事人申诉状的格式。再审申请人或者申诉人向人民法院申请再审或申诉，应当提交以下材料：再审申请书或者申诉状，应当载明当事人的基本情况、申请再审或申诉的事实与理由；原一、二审判决书、裁定书等法律文书，经过人民法院复查或再审的，应当附有驳回通知书、再审判决书或裁定书；

以有新的证据证明原裁判认定的事实确有错误为由申请再审或申诉的，应当同时附有证据目录、证人名单和主要证据复印件或者照片；需要人民法院调查取证的，应当附有证据线索。申请再审或申诉不符合上述格式的，人民法院不予审查。

五是人民法院应当受理的当事人申诉有以下范围：①最高人民法院《关于规范人民法院再审立案的若干意见（试行）》规定，对终审行政裁判的申诉，具备下列情形之一的，人民法院应当裁定再审：依法应当受理而不予受理或驳回起诉的；有新证据可能改变原裁判的；主要证据不充分或不具备证明力的；原裁判的主要事实依据被依法变更或撤销的；引用法律条文错误或者适用失效、尚未生效法律的；违反法律关于溯及力规定的；行政赔偿调解协议违反自愿原则，内容违反法律或损害国家利益、公共利益和他人利益的；审判程序不合法，影响案件公正裁判的；审判人员在审理案件时索贿受贿、徇私舞弊并导致枉法裁判的。②最高人民法院《关于当事人对已经发生法律效力的判决、裁定申请再审是否必须提交审判委员会讨论立案问题的复函》规定，对于当事人认为已经发生法律效力的判决、裁定有错误而申请再审，符合法律规定的，人民法院应当再审，不必一律经审判委员会讨论决定方能立案。

六是人民法院对当事人的申诉进行审查有以下程序：①对当事人申请再审或申诉一般由终审人民法院审查处理。上一级人民法院对未经终审人民法院审查处理的申请再审或申诉，一般交终审人民法院审查；对经终审人民法院审查处理后的仍坚持申请再审或申诉的，人民法院应当受理。对未经终审人民法院及其上一级人民法院审查处理的，直接向上级人民法院申请再审或申诉的，上级人民法院应当交下一级人民法院处理。②人民法院的审查程序。人民法院接到当事人的再审申请后，经审查，符合再审条件的，应当及时通知各方当事人；不符合再审条件的，予以驳回。

3. 提起再审程序的情形

（1）当事人及其法定代理人、近亲属的申诉。《行政诉讼法》第六十二条规定，当事人对已经发生法律效力的判决、裁定，认为确有错误的，可以向原审人民法院或者上一级人民法院提出申诉，但判决、裁定不停止执行。当事人及其代理人，对人民法院已生效的判决、裁定认为确有错误的，有权通过申诉的方式表达自己的意见。这是提起审判监督程序材料来源的主要方面。

（2）机关、团体、企事业单位和新闻媒体及各界人民群众的来信来访。这种来信来访的方式反映了社会各界对人民法院已生效的判决、裁定的意见和看法，它既是审判监督程序提起的材料来源，也是人民群众对人民法院的审判监督程序的重要方式之一。

（3）各级人民代表大会提出的议案。各级人民代表大会的代表在视察工作或调查研究过程中，发现人民法院已经生效的判决、裁定可能有错误而提出的议案或质询意见，是审判监督程序提起的重要材料来源。

（4）人民法院和人民检察院自行发现的有关错案的材料。人民法院和人民检察院如果发现已经生效的判决、裁定违反法律、法规规定的，应该提出纠正意见。这也是审判监督程序提起的材料来源之一。

取得提起审判监督程序的材料，是提起审判监督程序的前提。但值得注意的是，有了提起审判监督的材料，并不一定就有了提起审判监督程序的理由。审判监督程序是否能够发生，取决于提起审判监督程序的理由是否充分。人民法院和人民检察院在对材料进行认真审查后，如果认为它们作为提起审判监督程序的理由不正确或不充分，不符合再审条件的，应当向材料提供人以书面形式说明情况。如果根据现有材料可以证明已经生效的判决、裁定确有错误，符合再审条件的，应当依照审判监督程序进行再审。在材料审查过程中，原判决、裁定不停止执行。但依照审判监督程序决定再审的案件，人民法院应当裁定中止原判决的执行。

4. 再审案件的处理

根据最高人民法院有关的司法解释的规定，再审人民法院可以根据案件的具体情况采取相应的处理措施。

（1）人民法院审理再审案件，认为原生效判决和裁定确有错误，在撤销原审生效判决和裁定的同时，可以对生效判决和裁定的内容作出相应裁判，也可以裁定撤销生效判决或者裁定，发回作出生效判决和裁定的人民法院重新审判。

（2）第二审人民法院维持第一审人民法院不予受理裁定错误的，再审人民法院应当撤销第一审、第二审人民法院裁定，指令第一审人民法院受理。

（3）第二审人民法院维持第一审人民法院驳回起诉裁定错误的，再审人民法院应当维持第一审、第二审人民法院裁定，指令第一审人民法院受理。

（4）人民法院审理再审案件，发现生效裁判有下列情形之一的，应当裁定发回作出生效判决和裁定的人民法院重新审理：①审理本案的审判人员、书记员应当回避而未回避的；②依法应当开庭审理而未开庭审理即作出判决的；③未经合法传唤当事人而缺席判决的；④遗漏必须参加诉讼的当事人的；⑤对与本案有关的诉讼请求未予裁判的；⑥其他违反法定程序可能影响案件正确判决的。

三、律师在行政诉讼审理程序中要注意的问题

（一）代理律师出庭准备要注意的问题

在开庭之前，代理律师并不轻松，有许多工作要做。即使已经做过的工作，作为律师也应当重新审视一遍，看是否存在问题，是否完善。因为对于律师来讲，开庭是对律师各项工作的检验，是对律师各项能力的综合考查。面对充满着竞技色彩的开庭，若没有充分的准备，任何一个律师都难以应付瞬息万变的开庭情势。充分的准备是律师取得开庭成功的必要条件，也是取得整个诉讼代理成功的基础。无论是经验丰富的律师，还是初涉这一行业的律师，都要认识到这一点，并认真做好这一阶段的工作。

1. 全面阅卷，深入研究案件

代理律师虽然在先前的代理活动中接触了案件，甚至对案件进行了分析研究，但是，从诉讼的阶段和诉讼的实践来看，代理律师在先前阶段所做的工作，在很大程度上可以说是基于委托人所掌握的案件材料的分析结果，还不能说是对全案的事实情况的充分掌握。例如，原告在决定起诉前委托了律师，代理律师在整个起诉阶段所

能了解到的案件情况，无非是委托人所提供的材料以及自己调查所取得的材料，代理律师对于行政主体手中有哪些材料并不清楚。到了这一阶段，由于原告的起诉状、被告的答辩状、第三人的答辩意见以及原被告和第三人向人民法院提交的有关证据、依据材料都可以查阅到，而且，这一阶段的时间相对充裕，因此，代理律师有条件了解对手所掌握的案件材料，有条件做好进一步的调查、取证工作，从而真正做到对案件事实情况的全面了解。值得注意的是，代理律师在这一阶段所做的调查、取证工作及熟悉案件事实情况的工作，都应当围绕出庭而展开。

（1）查阅、复印案卷材料，做好摘录工作。阅卷既是代理律师的一项基本权利，又是代理律师了解案件事实真相的重要途径。因此，在出庭前，代理律师应主动到法院查阅案卷材料。代理律师到法院需要查阅的案卷材料主要包括：原告的起诉状、被告的答辩状、第三人的答辩意见，以及当事人的举证材料、人民法院根据《若干问题的解释》规定调取的证据和作出的有关裁定、所采取的有关措施材料。在阅卷中，代理律师既要全面细致，又要抓住重点，对于需要复印的，应当在征得人民法院同意的基础上，复印所需材料。同时，代理律师在阅卷时应做好摘录工作。摘录的材料通常是律师在法庭上发表代理词和进行辩论的基础材料。所以在摘录时应注意重点，不能也没有必要把全部案卷材料照抄一遍。代理律师在做摘录工作时，有以下几点值得注意：

一是对于案卷中的鉴定报告、勘验笔录、调查报告，代理律师如果手头没有，能复印的应当全部复印，如果无条件复印，在摘录时，应尽量完整，不能只凭阅卷时的判断、根据阅卷时对案件的认识的需要摘录，那样容易造成断章取义，容易造成代理律师思维定式，不利于今后对整个案件的重新认识；如果在阅卷时，代理律师对上述材料没有仔细阅读，更容易造成摘录的材料不能说明自己想要说明的问题，这将造成在法庭辩论阶段的紧张。

二是代理律师在摘录材料时，不仅要摘录有利于委托人的证据材料，也要摘录不利于委托人的证据材料，以全面掌握案情，在法庭上准确地运用证据进行反驳。

三是代理律师在阅卷时，对于摘录的内容，应记明所摘录的证据名称、页码及行序。如果摘录的是已装订的案卷内容，还要记明摘录案卷的编号。这样代理律师在开庭运用证据时，不仅能做到准确运用证据，同时也能让诉讼当事人和他方代理人甚至审判人员强烈地感受到代理律师工作的认真、严谨性，这也许能起到意想不到的效果。

四是代理律师即使复印了所有案卷，也要做好案卷的摘录工作。要认识到，摘录是为开庭服务的，案卷材料是为完整、全面地认识案件服务的，这两者之间是有区别的。

此外，值得进一步强调的是，代理律师不能轻易放弃这一工作，尤其是原告代理律师、具有原告地位的第三人代理律师。因为从诉讼的流程和行政诉讼的特点看，原告起诉后，才有被告答辩，被告答辩是针对原告的起诉状展开的，如果原告在整个诉讼过程中，不改变诉讼请求，一般而言，被告通过阅读原告的起诉状，就可以了解原告的诉讼目的以及原告所掌握的案件事实情况。即使在开庭阶段，原告变更诉讼请求，被告仍可通过要求法庭给予其答辩期来重新认识、判断原告的诉讼目的和诉讼请求依据的事实。而原告如果不进行阅卷工作，将可能不能准确了解被告的情况。因为，根据《行政诉讼法》第四十三条和《若干问题的解释》第二十六条第（二）款的规定，被告行政主体在答辩期内必须提交作出具体行政行为的证据、依据，否则将承担不利法律后果；但不提交答辩状不影响案件的审理。因此，被告可能在答辩期内不提交答辩状。如果被告不提交答辩状，人民法院不可能将被告所提交的证据材料、法律依据材料送达原告，原告要了解情况，只能自己到法院阅卷才能了解。而且，原告通过确定一个比较适当的时间去法院阅卷，还能了解到被告行政主体是否按照法律规定的期限履行了提出证据和法律依据的义务，如果了解到被告在法定期间内没有履行上述义务，这将对原告所追求的诉讼结果有重要的影响。因为被告提交答辩状及其证据、依据的期限为收到起诉状副本后十日内，被告不提供或无正当理由逾期提交，将会被认为没有证据、依据。因此，原告代理律师阅卷工作意义重大。

（2）调查核实诉讼双方有分歧的案件事实。通过阅卷，代理律师可能会发现诉讼双方对案件的有关事实是否存在或者是否像对方当事人所认定的那样存在着分歧。这时诉讼双方代理律师都要重视这一问题，重新审视自己所掌握的用来证明这一案件事实的证据是否确凿、充分，尤其要考虑自己的委托人有没有隐瞒什么事实、委托人所提供的事实是不是真实等情况，同时还要考虑到对方在这一案件事实上能持不同看法的证据材料可能是什么。对于自己的这些怀疑、判断，代理律师都要进行调查核实，以此解决分歧，确定自己的观点。

2. 熟悉法律，研究司法先例

代理律师通过阅卷、进一步的调查取证、分析对方当事人或第三人的答辩状或答辩意见，也可能发现在认定案件性质、适用法律上存在着不同看法。有的律师具有办理这一类案件的经验，因此对于案件中出现的这些问题往往表现出有信心去驾驭、处理；有的律师由于没有办理过这一类案件，对这一类案件中出现的问题，虽然相信自己有能力处理，但往往表现出处理信心不足。实际上，无论是有经验的律师还是无经验的律师，在接手案件后都要考虑到在案件诉讼过程中肯定会出现上述问题，只不过行政诉讼案件将诉讼双方当事人对案件性质、适用法律的意见提前呈现出来了（与民事诉讼相比）。这种情况对于双方代理律师来讲，应该是好事，双方代理律师可以在出庭前有针对性地进行准备，在法庭开庭阶段，只是一场双方比能力、比准备情况的考试。代理律师要做好这份试卷，开庭前的准备工作显得尤其重要。具体来讲，代理律师为了确立自己的诉讼观点、确信自己的诉讼观点，有两项工作值得去做。

（1）熟悉相关法律、法规。在庭前准备工作中，律师应当进一步熟悉相关的法律、法规，分析研究行政行为所依据的规范性文件是否合法，适用规范性文件是否准确、正确。正如前文所提到的，我国行政主体实施行政管理的实际情况是，下级行政主体在通常情况下作出行政行为所依据的规范性文件除了法律、法规、规章之外，还有上级行政主体的决定、命令、通知等等。因此，在开庭前，作为原告、被告、第三人的代理律师应当在仔细分析研究了案件事实、确定了案件性质之后，有必要进一步分析研究行政主体作出行政行为所依据的规范性文件的适用是否合法。在这一问题上，要纠正和防止以下错误的认识：

一是原告代理律师认为，根据《行政诉讼法》的规定，证明行政行为合法是被告行政主体的责任，因此，作为原告不需要分析研究行政主体作出行政行为所依据的规范性文件是否合法。诚然，在行政诉讼开庭审理过程中，作为被告的行政主体确实要证明其作出的行政行为的合法性，在证明其合法性的同时，必然涉及对规范性文件的合法性的证明。如果原告代理律师在开庭之前不对代理案件所依据的规范性文件是否合法、适用，是否准确、正确做好充分的准备，在法庭上如何面对被告的证明？如何进行必要的质证？

二是被告代理律师认为，被告行政主体只要证明行政行为严格按照规范性文件作出，根据这一规范性文件，被告的行政行为是正确的就行了。在这种情况下，如果原告或第三人提出行政行为不合法，则举证证明的责任在原告或者第三人，被告无须对依据的规范性文件是否合法进行证明。这种认识是完全错误的。《行政诉讼法》第五条规定："人民法院审理行政案件，对具体行政行为是否合法进行审查。"这一规定表明，行政主体所要举证证明的是行政行为的合法性，不是行政行为的规范性，合法性的标准是国家的法律、法规。因此，在开庭前，作为被告代理律师，应当准备好用来说明被诉行政行为合法性的法律、法规。也就是说，即使行政主体在作出行政行为时依据了规范性文件，但这一规范性文件不是法律、法规，而是效力低于法律、法规的规范性文件，那么作为被告的代理律师不仅要仔细研究这些规范性文件，而且还要了解这些规范性文件作出的法律依据，要准备相关的法律法规对这些规范性文件的合法性进行证明。不证明或者找不到相应的法律法规的依据予以证明，作为被告而言，将承担不利的诉讼法律后果。

（2）分析研究相关行政判例。行政判例是已生效的人民法院判决。在英美法系国家，判例是国家审判的法律依据之一。我国不实行判例法，也就是说，人民法院在审理案件时，不会将昨天的判例作为今天的司法解释依据。但是就法院而言，它在审理案件、适用法律法规的同时，不能不考虑法律法规适用的公正性，不能不考虑相关判例。也就是说，在我国，判例尤其是最高人民法院下发的判例以及各法院自身的判例对所审理的案件还是具有一定的指导意义的，有时甚至起到司法解释的作用。作为代理律师，熟悉与自己代理案件相类似的判例，尤其是最高人民法院的判例和代理案件审理法院的有关判例，对自己准确把握代理的案件能不能提起诉讼以及代理案件的诉讼结果有特别重要的意义。

3. 告知庭审程序，交代开庭注意事项

无论自己的当事人在开庭时出不出庭，在开庭前，作为代理律师都应当向自己的当事人讲清楚行政诉讼开庭的有关程序，以及在开庭时可能会出现的程序问题；如果自己的当事人在开庭时出庭，代理律师更需要耐心细致地向其讲述、解释行政诉讼的程序、行政诉讼中作为当事人的权利和义务，尤其是出庭当事人在庭审中要注意的事项。代理律师做好了这项工作，无疑将会对诉讼的正常、有效展开起到积极的作用。从司法实践的角度看，代理律师要向当事人讲清楚的行政诉讼程序性内容以及当事人出庭要注意的事项主要包括：

（1）告知开庭审理的程序。行政诉讼的开庭审理包括五个阶段：第一是宣布开庭阶段，第二是法庭调查阶段，第三是法庭辩论阶段，第四是合议庭评议阶段，最后是宣判阶段。告知当事人开庭审理的程序，实际上也是代理律师对当事人进行的普法知识教育，是代理律师作为为社会提供法律服务的执业人员应尽的义务。通过这一工作，使当事人了解行政诉讼不同阶段的工作任务，从而使当事人能够更好地行使诉讼权利，履行诉讼义务，保证诉讼有序、有效进行。在司法实践中，就这一问题，有的律师没有认识到自己做好这一工作的意义，往往不重视做好开庭前的这一应尽义务。尤其是有的律师头脑中还存在着重实体轻程序的观念。由于他们本身不重视程序，因此不可能通过他们去要求其当事人也重视程序。其结果往往是当事人在法庭上不能严格按照诉讼不同阶段的要求进行自己的诉讼行为，导致诉讼阶段的不明显，诉讼过程显得杂乱，严重影响司法的威严。

（2）交代当事人申请回避权的正确行使。《行政诉讼法》第四十七条规定，当事人认为审判人员、书记员、翻译人员、鉴定人、勘验人与本案有利害关系或者有其他关系可能影响公正审判，有申请上述人员回避的权利。但当事人如何正确地行使这一权利，则需要代理律师的帮助。因为申请回避是要有理由的，对不同的人员提出回避申请的决定程序不同，有的当事人连什么是“回避”都不清楚，有的当事人不清楚回避的法定事由，错误地理解利害关系、其他关系。所以，作为代理律师向当事人讲清楚申请回避的理由以及回避申请的时间等有关事项是十分必要的。

根据法律规定，在行政诉讼中，申请审判人员、书记员、翻译人员、鉴定人、勘验人员回避的法定事由是：①上述人员是本案的当事人或当事人、诉讼代理人的近亲属。近亲属通常是指配偶、父母、子女、兄弟姐妹、祖父母、外祖父母、孙子女、外孙子女关系。②上述人员或者其近亲属与本案有利害关系。即他们同案件事实有牵连或者案件的处理结果会直接或间接地影响到他们的利益。③上述人员担任过本案的证人、鉴定人、翻译人的。④上述人员与本案当事人有其他关系，可能影响对案件的公正审理。其他关系指除上述关系外的与本案当事人之间存在的足以影响案件公正审理的关系，如师生关系、同学关系、朋友关系等。

当事人提出回避申请，可采用口头或书面两种方式。提出回避的申请时间，一般在开庭之时，因为现在按普通程序审理的案件，审理法院一般都会在合议庭组成后的三日内将合议庭成员告知当事人，当事人在开庭之前足以对合议庭组成人员是否要回避作出判断，从而在开庭审理的宣布开庭阶段决定是否提出回避申请。当然，如果在合议庭组成之后、开庭之前，代理律师通过当事人确实知道了合议庭组成的人员中有应当回避的人员，代理律师也可以在开庭之前向合议庭或审理法院行政审判庭反映，让法院及时重新组成合议庭，以避免不必要的诉讼延期。但是，如果当事人在审理开始后才得知有应当回避的情形，虽然法律规定当事人可以在法庭辩论终结前提出申请回避，但在这种情况下，是否要提出回避申请，作为代理律师应当和当事人认真商量后再决定，切不能草率。如果案件审理的情况有利于当事人，为避免诉讼延期，可以说服当事人放弃申请回避的权利；如果不申请回避，确实可能影响案件的公正审理，则应当申请回避。

(3) 提醒当事人如何陈述案件内容，如何质证、如何辩论。虽然在行政诉讼中，陈述案件内容、举证、质证、辩论的工作，甚至当事人的实体权利的处置工作，当事人都可以委托代理律师进行，有的代理律师也要求当事人在委托中将上述权利委托给他，或者要求当事人在庭审中少发言，不要随便发言，律师这样做的目的无非是担心当事人的发言会不利于自己的诉讼代理工作，代理律师的这种担心是正常的，但是，代理律师的这种看法是片面的，他只看到了不利于当事人和自己的一面，没有看到这种做法的消极影响。事实上，在行政诉讼中，在当事人出庭的情况下，对于案件中的某些案情，由当事人发言效果可能会更好。因为，对于案情部分，作为身临其境的当事人最具有发言权，当事人实事求是的客观陈述将有利于合议庭充分了解案件事实，有利于合议庭最终作出公正的判决。相反，当事人出庭而不亲自进行有关诉讼活动，所有的诉讼行为(包括陈述案情、对有关证据的质证)都由代理律师进行，这会使得当事人给人一种不诚实的形象感觉。如果合议庭成员对当事人有了这样的感觉，那将是不利于当事人的，也不利于代理律师的诉讼代理工作。况且，在行政诉讼中，有时合议庭明确要求当事人回答一些问题，这时代理律师也不能帮助他回答问题，当事人也不能总是用“记不清”“我忘了”“好像是什么”来回答。因此，在庭审中，如何发挥当事人的积极作用，尽量避免上述各种不利现象的发生，是代理律师应在开庭前要考虑的问题及要做好的工作。实际上，这项工作就是在开庭前，代理律师要告知当事人如何陈述案件内容、如何回答问题、如何质证、如何辩论。具体地讲，代理律师在做这项工作的时候，要注意以下几点：

第一，告知当事人要实事求是地陈述问题。真实的东西永远是真实的，虚假的东西只能蒙骗别人一时。诉讼本身就是一项辨别真伪的活动，假的很难变成真实，如果诉讼不能辨别真伪，能让假的永远得逞，那么诉讼制度就有问题了。代理律师应当明白这一道理。

因此，作为代理律师要提醒、引导、劝告当事人不要有意隐瞒客观事实，而要如实陈述、回答有关的案情事实，只有这样，才能为后来的律师代理质证、辩论打下良好的基础。

第二，告知当事人在陈述、回答问题时，要紧紧围绕案件事实和所要回答的问题进行陈述、回答，不能偏离案情。因为偏离案情太远不仅会被审判人员制止，导致当事人情绪不好，容易引发当事人对审判人员的不尊重，而且可能会被对方当事人抓住一些问题、漏洞，从而造成对己方当事人的不利；如果当事人老是偏离要回答的问题，可能还会给审判人员造成当事人不诚实的错觉。

第三，要告知当事人回答问题要简洁、明了，不要拖泥带水，对于自己清楚的事实如实回答，对于自己不清楚或确实记不清的事实，不要用推测或猜测的语言去回答。对于对方当事人或代理人的提问，应当在搞清楚提问的目的后再回答，切不能不假思索地抢着回答，也不能情绪激动或冲动地回答，以免落入对方所设计的圈套，应当心态平稳、语气平静地回答。

（4）关照当事人注意庭审中的言谈举止。在我国，由于人们普遍存在着厌诉观念，总认为打官司、对簿公堂是一件不光彩的事情。因此，进入诉讼阶段的双方当事人往往情绪都比较激动，有时在庭审中，双方当事人会出现言语不恭的现象。再加上长期以来，司法的权威性没有能真正地形成，当事人有时在诉讼过程中，因激动会表现出对法庭、对司法的不尊、不敬。这些现象的出现，不利于诉讼的进行，更不利于公正审判。作为代理律师，除自身遵守法庭纪律、维护法庭尊严、捍卫法律的权威性外，也有帮助自己的当事人遵守法庭纪律、注意言谈举止得体的义务。在行政诉讼中，尤其值得注意的是，作为原告的代理律师，一定要向自己的当事人讲清楚，在庭审中，要自始至终保持对被告行政主体的尊重，不要出现过激言辞的现象。作为被告的代理律师，也要向自己的当事人讲清楚，在行政管理活动中，行政主体有命令、强制行政相对人的职权，但在行政诉讼中，双方当事人的法律地位平等，行政主体的出庭人员不能再以行政管理者的姿态对待原告当事人，在庭审中，应当尊重原告当事人。此外，代理律师还要告诫当事人在庭审中尊重其他诉讼参加人。

4. 准备代理词和出庭证据,预测庭审问题

行政诉讼代理律师在全面了解案情、充分掌握证据之后,应当及时梳理、调整自己的代理思路,并在此基础上,总结、归纳自己的代理观点,详细论证自己的代理观点,为出庭做准备。阐述、论证观点的过程也就是撰写代理词的过程。作为代理律师,应当很清楚,代理词是代理律师在诉讼中依据事实和法律、法规,在法庭辩论阶段发表的,以维护委托当事人合法权益为目的的,表明代理人对案件处理意见的司法文书。因此,写好代理词,对于成功地代理行政诉讼具有十分重要的意义。

值得代理律师注意的是,代理律师应当根据不同的案件决定是否要准备好完整的代理词,不能固守自己的习惯。有的案件,可能情势变化很大,开庭之前再详细的代理词也无法解决庭审中出现的问题,重新修改代理词并在庭后交给法庭是不可避免的;有的案件,开庭情势变化不会很大,可能会当庭判决,只准备一份草拟的代理提纲,也许会使代理律师的代理意见不够全面、充分,造成事后遗憾,这时,庭前准备好完整的代理词显得特别重要。因此,代理律师应当根据案件的特点,决定自己的工作。其中,不能忽视的是,做好案件的前期充分准备工作是以不变应万变的法宝。代理律师在准备代理词时,同时也要考虑准备出庭证据。准备好出庭证据是代理律师成功完成代理工作的另一项重要工作。律师在准备出庭证据时一般要注意做好以下四点:①同委托人反复交谈,要求他们如实提供有关证明材料的查证线索,在细心听取情况和意见后,确定律师的工作方法和调查方案。经验证明,委托人为了打赢官司,往往夸大对自己有利的情况,不说或者少说不利于自己的情况,甚至有时歪曲事实,提供伪证。有时提供的证据线索是委托人事先准备好的,只不过想借用律师的调查使这些自己准备的线索材料包装上真实的外衣。所以,代理律师在与委托人交谈时一定要告知其应实事求是地陈述,否则是不可能按照查证线索起到保护其合法权益的作用的。②按照查证线索,顺藤摸瓜,一查到底,尽可能多方兼听,全面取证(作为行政案件,取证工作应包括事实的、行政程序上的、法

律适用上的证据），绝不能先入为主、偏听偏信，对于已有的证据应多加核实。对于重要证据，尤其要注意该证据的形式，对于形式有缺陷的证据，尽可能采用其他证据弥补，以保证所有证据真实可靠，准确无误。③律师在基本了解案情的基础上，通过与委托人的交谈，通过已有的证据、证据线索，帮助委托人发掘证据、查找证据、选用证据，形成有利的证据锁链。④代理律师准备出庭用的证据应当紧紧围绕着代理观点准备，所准备的证据应当按照其证明代理观点的前后顺序给其编号，并准备至少一份备份和所有证据的证据目录（备份是为出庭提交给法庭的，最好也为对方当事人准备一份；证据编号、证据目录有利于代理律师在法庭辩论阶段发表代理词及其辩论意见时援引证据，从而更清楚地表明自己的代理观点）。这样，在开庭时能使庭审开得紧凑、有序，有利于发挥庭审的作用，提高庭审的效率。

再充分的准备、再精心的设计也难免有漏洞，更何况行政诉讼中所要认定的事实是已经经过的事实，所要论证的行政程序有些是没有法律、法规明确规定的（我国没有统一的行政程序法），所要说明的适用的规范性文件是否合法的标准有时也难以掌握。这些更决定了在行政诉讼庭审中，可能会出现许多情况变化。事先预测庭审中可能会出现的变化情况，并对这些问题的解决做好一定的准备工作，是代理律师在开庭前也必须准备的。从司法实践看，代理律师可以从以下几个方面预测庭审中可能出现的问题：①预测对方有没有新的证据；②预测对方有没有新的诉讼观点；③预测对方对自己的代理观点、提交的证据会提出哪些反驳等。对这些预测，代理律师应尽可能准备好答辩提纲，做到有备无患，避免在法庭上被动。

5. 庭审前的其他准备工作

在庭审前，代理律师通过对案件的分析，对照有关法律的规定，从最大限度维护当事人权益的角度考虑，还有以下两项工作也是值得准备的：

（1）决定是否申请不公开审理。《行政诉讼法》第四十六条规定："人民法院公开审理行政案件，但涉及国家秘密、个人隐私和法律另有规定的除外。"由此可见，通常行政案件都应当公开开庭审理，但对于涉及国家秘密、个人隐私以及法律规定不公开审理的案件应当不公开审理。例如，涉及强制戒毒的案件、涉及卖淫嫖娼的行政处罚案件、未成年人违法的行政处理案件等，都应当属于依法不公开审理的案件。如果发现人民法院准备公开审理应当不公开审理的案件，作为代理律师应及时与人民法院沟通，提醒人民法院注意或者直接申请不公开审理，以免对国家或者行政诉讼原告当事人造成不利的社会影响。

（2）决定是否应提醒人民法院追加当事人。《行政诉讼法》第二十七条规定："同提起诉讼的具体行政行为有利害关系的其他公民、法人或者其他组织，可以作为第三人申请参加诉讼，或者由人民法院通知参加诉讼。"由于法律规定的第三人参加诉讼的方式为自己申请和人民法院通知参加两种，就行政诉讼实践来看，根据法律的上述规定，有可能导致第三人在行政诉讼庭审的一定阶段之前不能参加，从而导致这之前的庭审工作作废。因为要使得第三人有一定的答辩期间，并且从庭审一开始就能参加到诉讼中来，前提条件必须是下列情况之一能够得到实现：

一是同提起行政诉讼的具体行政行为有利害关系的其他公民、法人或者其他组织已经知道了该具体行政行为已被起诉，且人民法院已经受理，而且自己向人民法院提出参加诉讼的申请。

二是人民法院在受理案件阶段已经就有关案件材料的分析，得出了该案有没有其他利害关系人，从而决定通知与被诉行政行为有利害关系的除原、被告之外的其他关系人参加到正在进行的诉讼中来。

就前一种情况而言，在我国，即使有公民、法人或者其他组织知道被诉行政行为与自己有利害关系，也很少有人愿意参加到诉讼中去；更何况有些人不知道与被诉行政行为有利害关系或者不知道与自己有利害关系的行政行为被诉。因此，出于提高诉讼效率考虑，作为对案件事实有较早全面把握机会的诉讼代理人，如果在分析研究案件时，发现有与被诉行政行为有利害关系的人没有成为诉讼当事人，应当在庭审前向人民法院反映，由人民法院决定是否追加当事人或决定通知其作为第三人参加诉讼。

（二）法庭辩论的角度与技巧

对代理律师而言，法庭辩论是一个最重要的阶段，是整个诉讼过程中总结性、决定性的阶段。代理律师的代理意见，只有通过法庭辩论，才能得到全面阐述和充分的论证，许多法官的心证与结论也由辩论而最终形成。因此，法庭辩论如何，是一个律师知识、经验、机智、敏捷和辞令的综合反映，也是案件胜诉的关键，为每个律师所关心。就整个诉讼过程而言，法庭辩论一向被人们视为一个高潮迭起、精彩纷呈的阶段，也是更容易对裁判施加影响的时机，辩论的好坏将直接决定法官对法庭调查结果的认识和评判，直至左右案件的最后裁判。

1. 法庭辩论的角度选择

我国《宪法》第四十一条规定："中华人民共和国公民对于任何国家机关和国家工作人员的违法失职行为，有向有关国家机关提出申诉、控告或检举的权利。"又规定："由于国家机关和国家工作人员侵犯公民权利而受到损失的人，有依照法律规定取得赔偿的权利。"从宪法规定的精神看，行政诉讼的宗旨在于通过行政诉讼活动，保护公民、法人和其他组织的合法权益，制止和纠正行政机关和行政机关工作人员侵犯公民、法人或者其他组织的合法利益的具体行政行为，并对因违法侵权行政行为给相对人造成的损失给予赔偿。基于行政诉讼是对具体行政行为进行的一种合法性审查，所以律师在行政诉讼中的法庭辩论也主要围绕具体行政行为是否合法而展开。具体地讲，包括以下两方面的问题：一是具体行政行为所依据的事实是否准确；二是行政机关适用法律、法规是否正确。

（1）原告代理律师的角度。作为原告代理律师，从维护原告的合法权益不受侵犯的立足点出发，在论辩中应突出一个"驳"字。主要围绕以下几个方面进行论辩：①具体行政行为证据不足；②适用法律、法规错误；③违反法定程序；④超越行政职权；⑤滥用行政职权；⑥行政机关的行政处罚行为显失公正。

（2）被告代理律师的角度。作为被告代理律师，从维护行政机关正常行使行政权的角度，在辩论中应突出一个"立"字（与前述原告代理律师的辩论角度相对应),主要从以下几个方面展开辩论:①具体行政行为证据确凿;②适用法律、法规正确;③符合法庭程序;④没有超越职权;⑤无滥用职权现象;⑥行政机关的行政处罚行为合理、适当。

2. 法庭辩论的技巧

(1)针锋相对。辩论是短兵相接的近战,一刀一枪,都需认真对待,放过一方,忽略某点,往往就会吃亏,甚至可能败北。因此,在法庭辩论中,很重要的一个方法就是针锋相对,将对方提出的问题毫不留情地揭穿,逐步加以驳斥。针锋相对,顾名思义,就是针对辩论对方的辩术,组织强有力的反攻,以加大两者的反差,形成鲜明的对照,获得最佳的效果。针锋相对是针尖对针尖的比喻,律师在法庭辩论中,针对对方发言中的论证、论点或论据方面出现的错误或推理上的缺陷,进行反驳并得出否定结论。针锋相对并不是针对所有论点、所有事实全都一一进行反驳的全面开花对策,而是抓住关系本方合法利益的主要问题进行反驳。因而,针锋相对的含义不仅是指双方论辩的论点针锋相对,各执一端,也包含着双方辩论的态度和方法是针锋相对的。针锋相对常用于对案件事实或适用法律上有矛盾意见的辩论,如事实或证据不确凿、定性不当、控诉或者证据本身的不同等。

与其他辩论方法相比,针锋相对法有以下几个特点:①针对性强;②观点对比鲜明;③既需要辩论双方事前有充分的准备,也需要做好临场发挥,方能辩明事理,分清责任。但是,针锋相对法并不适用一切场合。一般说来,它适用于事实或法律适用存在重大分歧的案件的辩论上。对分歧不大的案件,一般不宜采用此法。否则,易使人感觉虚张声势,影响辩论效果。同时,在运用针锋相对法时还应注意两个问题:

第一,要求律师在研究对方的起诉书或答辩状时,根据事实与法律找出矛盾点进行科学归纳分析,仔细推敲每个概念和判断、推理,找出其在事实情节、适用法律上的逻辑错误,确定反驳点;在辩论阶段注意对方的每一句话,抓住影响案件的重要问题,作为反驳点,针锋相对地提出有力的驳论。

第二，要注意声音、语调和神态，反驳有力在于有理，而不在于声高气傲。有理不能趾高气扬，要适可而止，更不能搞人身攻击。否则，出语狂妄、气势逼人的辩论很容易影响他人接受真理的情绪，降低针锋相对的效果。

（2）先发制人。法庭辩论往往涉及较多的内容。按照人们正常的生理特点，在单位时间内接受的信息量越多，人们越容易疲劳，越分不清信息价值的大小。因此，法庭辩论的论点应注意投合法官的心理和价值取向，论据不仅应建立在使人最感兴趣、最能引人注意的现实问题之上，还应能够迅速为法庭所接受。辩论先发制人的目的在于，在对对手尤其在对法官施加影响方面，“抢先为号”更容易为人们所接受——心理学称之为首因效应。先发制人的心理学根据是，法庭辩论中的最先信息容易使法官产生积极的情感体验，继而形成对后来信息的消极接受。

行政诉讼中，原告与被告的“矛盾”往往水火不相容，在观点截然对立的法庭辩论中，最重要的是赢得法官的理解和支持，让法官接受或认同自己的论点。在辩论者发表论点之前，要想让法庭倾向自己，必须先中和法庭调查时的不利影响，以弱化法官对案件业已形成的态度。在法官接受、认同辩论者“灌输”的信息后，对手要想改变法官的心理倾向和扭转辩论的被动局面几乎不可能。由此可见，先发制人辩论法具有以下特点：①首战必胜；②突然性；③随机性。

基于此，代理律师运用先发制人法应遵循以下策略：

第一，通过事先预测和讨论对手的辩论，在对手尚未发表自己的论点之前，以有利于己方的方式把这一论点指明，就可以削弱对手的说服力。

第二，通过富有感情地陈述事实，与法官达成共识，使法庭认同辩论者本人或当事人的冤屈困苦。

第三，无论对己方有利还是无利，诉讼中诸多的弱点和错误，都要非常策略地昭示于众，并抢在对手之前挑明，这样就会在法庭建立起一个诚实可信的印象。

（3）以退为进。在法庭上有时律师已经掌握了辩论的主动权，这时就应根据法庭辩论实力的对比和辩论形势的变化，选择取胜把握较大而费劲较小的以退为进的辩论法。例如在法庭辩论中，代理律师已经发现了对方的错误论点，倘若直接反驳，需要列举大量事实和理论来论证，这样势必浪费好多时间，况且对方很可能难以接受。这时就可以先退下来，承认共识的事实，而取得对方的信任，进而提出对方不得不接受的观点；另一种以退为进的方法是先退下来，姑且承认对方论点为"真"，然后根据这一论点引出荒谬的结论，其荒谬结论足以证明对方的虚假。

以退为进法是形式逻辑的归谬法在法庭辩论中的使用，代理律师将对方的论点先假设为真，然后从这个假设为真的命题推导出一个或一系列荒谬的结论，从而得出原论题为假的辩论方法。假定对方命题为真，这是退，是进的前提；从对方命题引出荒谬的结论，这是进，是退的继续，是退要达到的目的。这种方法是一种辩论性、反驳性很强的法庭辩论方法，因而推导得出的必然性结论，容易被接受，从而获得较好的辩论效果。归谬法不是直截了当指出对方命题的错误，而是以其结论揭示出对方命题的荒谬性。使用归谬法具有很大的讽刺味道，可以使对方陷入困境，难以招架。以退为进法使用的范围，只能用于反驳对方的命题，是以对方的命题作为主要辩论目标的一种间接反驳方法。所以，这种方法在辩论过程中，代理律师分别应用了两种手法，一是退的手法（先假定对方的命题为真），再一种是进的手法（逻辑地指出荒谬的结论，从而否定对方命题）。以退为进的间接反驳命题的方法，只能在反驳对方命题时使用，它要与充分条件假言推理否定后件式结合使用，才能完成归谬的推理过程，以达到辩论的效果。

（4） 避实就虚。法庭辩论的避实就虚法，是指在辩论中对共认的事实不去设题争辩，采取积极"回避"态度，承认其真，然后就问题的矛盾点、分歧点展开辩论的方法。

避实就虚法主要适用于事实清楚、证据充分，对方所持主张比较恰当的案件的辩论。这种情况下，往往造成法庭上不利于己方的气氛，同时，也会使代理律师感到无处可辩的困境。这时代理律师即可采用这一策略。

采用避实就虚法，首先，要善于发现“虚”，就是那些对方没有提出而又对案件有影响的事实和情节，或指对方已经提出，但双方有不同认识的事实或情节。其次，开庭以前要做好周密准备，不能老是抓毛病、挑漏眼，不能纠缠枝节。在辩论时，首先对对方主要的内容不持异议，表示赞同，给予公正的评价，即避开共认之“实”。然后，转换话题，提出有利于被代理人的论点，即有疑点之“虚”。此种疑点就整个案件来说虽属次要问题，但对维护被代理人的合法权益、正确运用法律有着重要作用。

（5）运用心理规则。承担法庭辩论的代理律师，为取得辩论的胜利，给辩论的其他参加者，尤其是庭审的最终裁决者，留下一个良好的印象，也是至关重要的。那么，律师如何给他人一个良好的印象呢？可以从以下几个方面入手：①要避免给人以狡诈这种“老于世故”的印象；②辩论时要有热情；③要镇定；④要自信。

第九章　行政诉讼判决、裁定与决定

一、律师如何理解行政诉讼的判决、裁定与决定

（一）行政诉讼的判决

行政诉讼判决是指人民法院受理行政案件以后，经过审理，在查明案件事实的基础上，根据不同的情况正确适用法律，对案件的实体争议所作出的最后的结论。

《行政诉讼法》规定了维持判决、撤销判决、履行义务判决和变更判决四种判决形式，同时最高人民法院《若干问题的解释》增加了确认判决和驳回诉讼请求判决。

行政诉讼二审判决是指在第二审程序中，人民法院经过对上诉案件的审理，依法作出的具有法律效力的最终结论。

依《行政诉讼法》的有关规定，行政诉讼二审判决主要有两种。

1．维持原判

维持原判是指第二审人民法院通过对上诉案件的审理，确认一审判决认定事实清楚，适用法律、法规正确，符合法定程序，从而作出的驳回上诉、维持原判的判决。

2．依法改判

依法改判是指第二审人民法院依法对上诉案件直接进行实体审理，从而作出的判决。第二审人民法院依法改判包括两种情形：

一是对原判决认定事实清楚，但适用法律、法规错误的案件，依法改判。这是对一审判决适用法律、法规错误的纠正。

二是对原判决认定事实不清，证据不足，或者由于违反法定程序可能影响正确判决的案件，在查清事实后依法改判。这种改判是由于第二审人民法院对第一审人民法院所认定的事实和所适用的

法律均予以否定，从而依法直接作出的判决。

（二）行政诉讼的裁定

行政诉讼中的裁定是指人民法院在审理行政案件的过程中，对需要解决的有关程序上的事项所作的结论。

（三）行政诉讼的决定

行政诉讼中的决定是指人民法院在审理行政案件的过程中，对诉讼程序上涉及人民法院内部工作关系的有关事项所作出的结论。

二、我国行政诉讼的判决、裁定与决定的具体规定

（一）判决的相关规定

《行政诉讼法》规定了维持判决、撤销判决、履行判决和变更判决四种判决形式。针对实践中出现的情况，最高人民法院《若干问题的解释》增加了确认判决和驳回诉讼请求判决。

1．维持判决

人民法院审理行政案件，是对具体行政行为是否合法进行审查。如果行政机关的具体行政行为在形式上符合法定程序，在内容上有确凿、充分的证据，适用法律、法规准确无误，对行政管理相对人的权利义务作了正确的确定，那么，人民法院就要作出判决维持行政机关的具体行政行为，从而达到维护行政机关依法行使行政职权的目的。

2．撤销判决

《行政诉讼法》规定，具体行政行为具有法定违法行为情形之一的，判决撤销或者部分撤销。具体行政行为全部具有违法行为情形的，判决全部撤销；具体行政行为部分具有违法行为情形的，判决部分撤销。人民法院判决撤销行政机关的具体行政行为，并可以判决被告重新作出具体行政行为。

依照《行政诉讼法》的规定，具体行政行为违法是指以下情形：

（1）主要证据不足。这里所说的证据是指行政机关对公民、法人或者其他组织作出具体行政行为的证据。行政机关作出具体行政行为要有充分、确实的证据，这是行政机关实施具体行政行为所应具备的最基本的要求。主要证据不足，就很难作出正确的行政行为。因此，对具体行政行为主要证据不足的，人民法院可以判决撤销或者部分撤销。

（2）适用法律、法规错误。适用法律、法规错误，是指行政机关在作出具体行政行为时，适用了不应该适用的法律、法规，如应该适用此法的却适用了彼法，或者应该适用本法这一条款的，却适用了本法的另一条款等。适用法律、法规错误还包括行政机关应当适用刑法时却适用了行政法的情形。此时，如果人民法院对此加以审查并认为被处罚人的行为构成犯罪，应当追究刑事责任的，人民法院应当中止诉讼，将有关犯罪材料移送有关机关处理，在有关机关作出最终处理后，再恢复诉讼。恢复诉讼时，应以适用法律、法规错误为由撤销行政机关所作的治安处罚决定。

（3）违反法定程序。行政机关作出具体行政行为，应该符合法律、法规所规定的程序。一般而言，行政程序有以下三方面的要求：①实施具体行政行为的全过程应遵循法律规定的一定的顺序，主要环节和步骤必须齐全，不能遗漏，也不能颠倒顺序。②具体行政行为的形式要合法，如法律规定采取书面形式的，不得采取口头形式。③具体行政行为必须在法律规定的期限内作出，违反了法律、法规对期限的规定，也属程序违法。目前，我国一些行政实体法对行政程序的规定不完整、不严密，给《行政诉讼法》的实施带来一定的困难，这一点有待行政立法的进一步完善。

（4）超越职权。“越权无效”是行政法上的一项基本原则，是指行政机关只能在自己的职权范围内活动，超越行政机关职权范围作出的行政行为，是无效的行政行为。超越职权，是指行政机关的具体行政行为超出了法律、法规规定的权力范围，行使了不该由自己行使的行政法上的权力。

（5）滥用职权。滥用职权一词本身具有很广泛的含义，凡是行政机关没有合法地行使其权力即构成权力滥用。但我国《行政诉讼法》将滥用职权和超越职权相并列，说明滥用职权不属于超越职权，而只是在法定的职权范围内的行为。《行政诉讼法》也将滥用职权与主要证据不足、违反法律法规、违反法定程序相并列，说明滥用职权也不包括以上情形。《行政诉讼法》规定，对于不履行或者拖延履行法定职责的，人民法院适用履行义务判决，表明滥用职权不包括不作为的行为。同时，《行政诉讼法》又规定行政处罚显失公正的可以判决变更，将变更判决单列为一种判决形式，说明滥用职权也不能与显失公正相提并论。

人民法院审理行政案件，对有以上五种情形之一的具体行政行为，可以判决撤销或者部分撤销，并可以判决被告重新作出具体行政行为。人民法院判决被告重新作出具体行政行为，如不及时重新作出具体行政行为，将会给国家利益、公共利益或者当事人利益造成损失的，可以限定重新作出具体行政行为的期限。为了有效地保证人民法院判决确定的内容得以实现，保护公民、法人和其他组织的合法权益，《行政诉讼法》第五十五条规定，人民法院判决被告重新作出具体行政行为的，被告重新作出具体行政行为，而不得以同一的事实和理由，对同一管理相对人作出与原具体行政行为基本相同的具体行政行为。但依照有关规定，人民法院判决被告重新作出具体行政行为，被告重新作出的具体行政行为与原具体行政行为的结果相同，但主要事实或者理由有改变的，不属于《行政诉讼法》第五十五条规定的情形。同时，人民法院以违反法定程序为由，判决撤销行政机关具体行政行为的，行政机关重新作出具体行政行为时，不受《行政诉讼法》第五十五条规定的限制。行政机关以同一事实和理由重新作出与原具体行政行为基本相同的具体行政行为，人民法院应当根据《行政诉讼法》第五十四条第二项、第五十五条的规定判决撤销或者部分撤销，并根据《行政诉讼法》第六十五条第三款的规定向该行政机关的上一级行政机关或者监察、人事机关提出司法建议。

3. 履行判决

履行判决适用于被告不履行或者拖延履行法定职责的情形，具体指《行政诉讼法》规定的受案范围中三种情形：

(1) 符合法定条件,公民、法人或者其他组织申请行政机关颁发许可证和执照,作为被告的行政机关拖延颁发或者不予答复的;

(2) 公民、法人或者其他组织申请行政机关履行保护人身权、财产权的法定职责,作为被告的行政机关拖延履行或者不予答复的;

(3) 公民申请行政机关发给抚恤金,作为被告的行政机关拖延发给、不按法律规定发给以及不予答复的。

人民法院判决被告履行法定职责,应当指明履行的期限,因情况特殊难以确定期限的除外。

履行判决适用于行政机关不作为的行政行为。对于行政机关拒绝相对人申请的作为的行政行为,应适用撤销拒绝行为的判决,并可判决行政机关重新作出具体行政行为。

4. 变更判决

人民法院在运用《行政诉讼法》的这一规定作出判决时,应注意以下问题:

(1) 可以判决变更的具体行政行为只限于行政处罚,而不包括行政机关的其他具体行政行为,如纳税的多少、建设用地拆迁的范围等问题。

(2) 可以判决变更的行政处罚必须是明显失却公正,明显不适当的。"至于行政机关在法律、法规规定范围内作出的行政处罚轻一些或者重一些的问题,人民法院不能判决改变。"

行政诉讼变更判决所适用的显失公正,仅适用于行政处罚畸轻畸重的情形,即行政机关对相对人所作出的行政处罚,虽然在法律规定的范围和幅度内,但对于相对人的违法行为及其情节而言,则明显地过轻或者过重。这种畸轻畸重是相对于一段时期、一定地域范围内行政机关所作的同类行政处罚而言的。而且,行政处罚是否畸轻畸重也应考虑相对人违法行为的性质、情节以及相对人个人的情况,如是否初犯、认错态度等因素。

同时,行政诉讼变更判决所适用的显失公正,仅指行政机关及其工作人员过失地作出畸轻畸重的行政处罚的情形。故意地作出畸轻畸重行政处罚的行为构成滥用职权而不是显失公正。滥用职权和显失公正都是行政机关在其自由裁量权范围内作出的行为，都可能具有畸轻畸重的行为表现形式，但两者主要的区别是行为主体主观状况的不同。滥用职权违背行政合法性原则，是行政主体故意地作出违背法律授予其某项行政职权之目的的行为；而显失公正违背行政合理性原则，是行政主体非故意地作出的行为，这种行为由于不符合客观事实而呈现畸轻畸重的特点。

不告不理是一项基本的司法原则，法院的审理活动应当以当事人所诉之内容为审理之对象。司法实践中，人民法院审理对行政处罚不服提起诉讼的案件，应针对当事人的诉讼请求分别不同的情况作出处理。

(1) 在当事人以行政处罚畸轻畸重为由提起行政诉讼，要求变更行政处罚的情况下，人民法院应对行政处罚是否有畸轻畸重之情形进行审查。如果行政处罚确实具有畸轻畸重的情形，从而构成显失公正的话，人民法院应当依法作出变更判决。否则，则应当维持行政机关所作的行政处罚。

(2) 在当事人以行政处罚显失公正为理由提起行政诉讼的情况下，对于人民法院审理行政案件时认为行政机关所作行政处罚虽然客观上是公正的但却不公平，人民法院不能加以变更，而应当作出维持该行政处罚的判决；同时对于庭审中已经证实的显失公正的情形，人民法院可以向有关行政机关发出司法建议，由有关行政机关依法作出处理。

(3) 在当事人以被告显失公正之行政处罚构成滥用职权为理由提起行政诉讼的情况下，如果人民法院经过审理查明被告确有滥用职权行为构成的，应当作出撤销判决。如果人民法院经过审理，认为原告所诉不实，并无证据显示被告所作的行政处罚具有主观故意而构成滥用职权，而是构成了显失公平，则应当作出驳回诉讼请求的判决，同时亦应当向有关行政机关发出司法建议。

当然，如果当事人认为行政处罚的作出没有任何事实依据与法律依据，即本人无当罚之行为或者本人之行为不当罚，则不属于这里所讨论的行政处罚显失公正的范畴。

5. 确认判决

确认判决是指人民法院经过对案件的审理所作出的确认具体行政行为合法有效或违法无效的判决。

在行政审判实践中,《行政诉讼法》所规定的四种判决形式尚不足以对具有各种不同情形的具体行政行为作出适当的判决。有些违法的具体行政行为,不具有行政决定的形式。对行政机关某些不作为的具体行政行为,有时虽给相对人造成损害,但责令其履行又无实际意义的,也不适合适用现有的任何一种判决形式。因而,鉴于实践中的情况,《若干问题的解释》又规定了确认判决。

另外,被告在诉讼中改变原具体行政行为,包括原告起诉被告不作为,在诉讼中被告作出具体行政行为,但原告不撤诉的,人民法院经审查认为原具体行政行为违法的,应当作出确认其违法的判决。

6. 驳回诉讼请求判决

和确认判决适用的情形相同,在原告起诉认为行政机关的事实行为侵权的情况下,原告的起诉符合起诉的程序要件,人民法院应予受理。但人民法院进行实体审理后,发现原告的诉讼请求不能成立,此种情况不宜适用驳回起诉的裁定,因为裁定一般是解决程序问题而不宜解决实体问题。对符合受理条件的起诉,结案应当采用实体方式。因此,在人民法院对案件已经进行了实体审理后,发现原告的诉讼请求不能成立的,人民法院应当依法判决驳回原告的诉讼请求。

驳回诉讼请求的判决形式,在我国有关司法解释中已经有所规定。如最高人民法院 1997 年 4 月 29 日发布《关于审理行政赔偿案件若干问题的规定》第三十三条规定:“被告的具体行政行为违法但尚未对原告合法权益造成损害的,或者原告的请求没有事实根据或法律根据的,人民法院应当判决驳回原告的赔偿请求。”

另外,被告在诉讼中改变原具体行政行为,包括原告起诉被告不作为,在诉讼中被告作出具体行政行为,但原告不撤诉的,人民法院经审查认为原具体行政行为合法的,应当判决驳回原告的诉讼请求。

（二）裁定的具体规定

依照《行政诉讼法》和有关司法解释的规定，行政诉讼中的裁定适用于以下情况：①不予受理；②驳回起诉；③管辖异议；④终结诉讼；⑤中止诉讼；⑥移送或者指定管辖；⑦诉讼期间停止具体行政行为的执行或者驳回停止执行的申请；⑧财产保全；⑨先予执行；⑩准许或者不准许撤诉；⑪补正裁判文书中的笔误；⑫中止或者终结执行；⑬提审、指令再审或者发回重审；⑭准许或者不准许执行行政机关的具体行政行为；⑮其他需要裁定的事项。对第①、②、③项裁定，当事人可以上诉。

（三）决定的具体规定

依照《行政诉讼法》和有关司法解释的规定，行政诉讼中的决定适用于以下情况：①有关移转管辖和指定管辖的事项，由上级人民法院决定；②当事人因不可抗力或者其他特殊情况耽误诉讼时效而申请延长的，是否准许，由人民法院决定；③有关回避事项，由审判长或者人民法院院长或者审判委员会决定；④人民法院院长对本院已经发生法律效力的判决、裁定，发现违反法律、法规，认为需要再审的，是否再审，由院长提交审判委员会决定；⑤对妨害诉讼的行为采取强制措施，由人民法院作出决定；⑥其他需要决定的事项。

三、律师在行政诉讼的判决、裁定与决定中要注意的问题

（一）律师应当注意行政诉讼请求的设计

行政之“诉”是指特定原告（行政相对人）针对特定被告（行政主体）向人民法院提出解决行政争议的具体请求。行政之“诉”的概念具有三个方面的含义：

（1）行政之“诉”是行政相对人请求法院解决行政争议的具体主张。行政之“诉”是公民、法人或者其他组织提起的，请求法院审理和解决行政争议的主张。一方面，行政之“诉”是原告向法院提起

的解决行政争议的司法程序，而不是通过行政复议程序解决行政争议的行政程序。另一方面，原告提起的诉讼请求必须是《行政诉讼法》规定的属于人民法院的受案范围。也就是说，原告提起行政之“诉”必须享有行政诉权，行政诉权所体现的是行政诉讼原告与人民法院之间的公法上的权利义务关系。

(2) 行政之“诉”的原告(行政相对人)和被告(行政主体)必须具体明确。首先，行政之“诉”的提起取决于原告(行政相对人)的意志。不告不理是诉讼法的一项原则，只有原告提起诉讼请求才可启动诉讼程序，法院等不得代替行政相对人提起诉讼，否则侵犯了当事人的诉权，也违反了司法的被动性原理。其次，行政之“诉”中，原告和被告必须具体明确。我国《行政诉讼法》第四十一条明确规定，提起诉讼的原告是认为具体行政行为侵犯其合法权益的公民、法人或者其他组织，而且应当有明确的被告。这主要是因为，行政诉讼、法院及其审判权的主要功能是公正、及时地解决行政法上的个案争议，以明确特定行政争议主体之间行政法律上的具体权利、义务或责任的归属。再次，行政之“诉”中，诉讼之两告(原告与被告)处于对立状态。行政诉讼之两告(原告与被告)的对立体现于制度上的对审原则(两告审理原则)。对审原则要求并保障双方当事人享有平等的诉讼听审权，创设一系列能够确保公正审判的审理程序如回避制度、有关证据规则、辩论与质证、公开审判等来保证司法公正性这一永恒价值的实现。

(3) 行政之“诉”的特定主张构成法院判决之实体内容。特定的实体(法)主张也就是原告获得实体(法)上的具体法律地位或效果的主张，例如原告请求被告履行行政行为之诉请、原告请求撤销行政行为等。特定的实体(法)主张是法院判决的对象和既判力的客观范围。但是，在行政诉讼中，法院判决的对象和既判力的客观范围是不是仅仅局限于原告的特定主张，确属一个值得讨论的问题。

诉讼请求是原告起诉，请求法院予以保护的主张。行政诉讼中，法院主要审查具体行政行为是否符合法律规定，合法的予以维持，违法的予以撤销，或者作出履行判决、变更判决。所以，诉讼请求应针对行政诉讼的上述特点：①认为具体行政行为违法的，请求法院判决“撤销”该行为；②认为行政机关不答复申请或不履行法定职责的，请求法院判决限期“履行”；③认为行政处罚不合理的，如处罚过重或过轻等，可请求法院予以合理“变更”；④若行政机关的侵权行为对人身、财产造成损害的，可附带提出“赔偿”请求，赔偿请求应写明赔偿项目和金额。在赔偿中可以单独提起行政赔偿诉讼，但前提是要让原作出该行政行为的机关或者它的上级也就是复议机关确认该行为违法，法院才能受理。原告也可以直接向法院起诉要求对该行政行为进行违法性审查并附带提起行政赔偿之诉，还可以向有权的行政机关（一般是该机关的上级）提起行政复议，并附带行政赔偿请求。注意此种情况下，即使你没有提出行政赔偿，只要复议机关改变了原决定，就应当给予你赔偿。行政赔偿属于国家赔偿的一种。要有心理准备，不是什么都赔，具体的可以概括为只赔直接损失，且有数额上限。

代理律师应当保持清醒的头脑，应当根据案件的具体情况、法律法规的有关规定，在尽可能维护委托人合法权益的基础上确定诉讼请求，切不可不顾原则地一味顺从委托人的要求，对于委托人合理合法的要求应当接受，对于委托人一些不切实际的要求应当做好说服工作。如果一味地让委托人牵着鼻子走，代理律师成为委托人的传话筒，将会使代理工作处处被动。

（二）依行政行为效力择判原则的适用

整个行政审判的核心就是行政行为的效力，依行政行为效力择判原则是经得起审判实践的检验。我们试从《行政诉讼法》及其司法解释规定的维持判决、撤销判决、履行判决、变更判决、确认判决、驳回诉讼请求判决六种形式作具体分析。

1. 依行政行为效力择判原则与维持判决的适用

维持判决是指法院确认行政机关的具体行政行为合法、予以维持的判决形式。行政诉讼以具体行政行为的合法性为审查对象，维持行政行为意味着经过法院的审查，不仅驳回了原告的诉讼请求，而且法院对行政行为的效力作出了肯定。因此，维持判决本质上是司法权对行政权(行政行为效力)的维护,也是典型的不依诉择判的判决类型。正因为如此,学者们强烈建议取消此种判决类型。但笔者认为,取消维持判决未必合理,这是由于我们国家的宪政结构以及行政诉讼制度的性质、目的、功能等因素所决定的。从宪政结构看,我国国家权力之间不是"三权分立"结构,而是一种既相互支持又相互制衡的关系。从制衡的角度看,司法权发挥着监督行政权的功能,表现在行政诉讼领域中,通过个案审查行政行为的合法性,监督行政机关依法行政。从支持的角度看,司法权与行政权之间并不是简单的监督关系,在一定情形下,司法权也发挥着支持行政权的功能,表现在行政诉讼中,通过维持判决等形式维护行政机关依法行政,从而实现宪法法律秩序。从行政诉讼的性质看,行政诉讼是主观诉讼和客观诉讼的统一,维持判决是对原告诉讼请求的否定判决,同时又发挥着维护客观法律秩序的作用。但是,维持判决由于其脱离了原告的诉讼请求,又是对行政行为效力的肯定性判决,脱离了诉讼本身的规律,必须予以限制适用。但从行政审判实践看,目前行政审判以维持判决方式结案的比例过高,主要与我国立法对适用维持判决的条件较宽松以及法院的地位等因素有关。因此,在依行政行为效力择判时,维持判决必须限制适用,司法权必须根据行政行为的效力谨慎判决。我们认为,从目前行政审判实践看,依行政行为效力适用维持判决要注意两点:一是行政行为没有被履行,有维持的需要;二是只有在行政行为合法合理且具有维持的内容的情形下,甚至为了防止行政机关随意改变行政行为,才能作出维持判决。

2. 依行政行为效力择判原则与撤销判决的适用

撤销判决是与撤销之诉相对应的一种判决类型,一般适用于行政行为违法无效情况。如果严格按照依诉择判原则,在撤销之诉中,只存在两种判决形式,要么肯定原告的诉讼请求,要么否定原告的诉讼请求,即撤销判决与驳回诉讼请求判决。也就是说,在撤销之诉中,法院经过审查认为行政行为违法应当作出撤销判决,或者原告诉请无理由作出驳回诉讼请求判决,依诉请择判与依行政行为效力择判并无矛盾。但事实上,行政审判实践远非这么简单。一方面，在撤销之诉中，行政行为的违法与行政行为的无效不是一一对应关系，出于公共利益、行政行为有无撤销内容等方面的考虑，尽管行政违法，行政行为的效力并不必然无效，人民法院不能简单地因为行政行为违法就作出撤销判决。另一方面，人民法院如果只是简单作出撤销判决，那么有可能行政机关基于再次作为被告的顾虑，不愿重新作出行政行为，产生新的行政懈怠，不利于行政法律秩序的实现，危害公共利益，出于监督行政和维护公共利益的需要，人民法院可以作出重作判决。显然责令行政机关重作行政行为超出了原告的诉请，人民法院作出重作判决也是对行政行为效力作出裁判的辅助判决。否则，行政诉讼监督行政的功能不能很好地发挥出来。相反，超越行政诉请责令行政机关重作行政行为更有利于行政诉讼功能的实现。因此，依行政行为效力适用撤销判决要注意两点：一是人民法院认为行政行为违法无效而且有撤销的内容，撤销行政行为不违反公共利益，可以作出撤销判决，否则，只能作出情况判决，确认行政行为违法，并采取一定措施补偿原告；二是撤销重作判决只能出于公共利益或者个人利益以及监督行政的需要，在撤销行政行为的同时，责令行政机关重作行政行为。

3. 依行政行为效力择判原则与履行判决的适用

履行判决是与给付之诉相对应的一种判决类型，适用于原告起诉行政机关不作为案件。从理论上讲，给付之诉中只有两种判决形式：一是履行判决。如果行政机关不作为违法，又有实际履行的内容，人民法院将作出履行判决，判决行政机关履行行政行为。二是驳回诉讼请求判决。如果原告起诉行政机关不作为理由不成立，人民法院将驳回诉讼请求。上述两种情况是符合依诉请择判的，也不违背依行政行为效力择判原则，把依诉请与依行政行为的效力统一起来了。但司法解释规定，行政不作为违法，履行行政行为又没有实际意义，人民法院作出确认违法的判决。此种情形是与依诉择判相违背的，但却是行政审判实践的需要。从司法审查的角度看，此时法院作出确认违法判决是依行政行为的效力作出的，体现了依行政行为效力择判原则。从给付之诉的判决形式看，进一步表明了行政审判并不是完全依诉请择判的，需要人民法院首先对行政行为的合法性结合相关因素进行考量，确定行政行为的效力，依行政行为效力选择适当的判决类型，直接或者间接回应原告的诉讼请求。由此可见，在给付之诉中，在适用依行政行为效力择判原则时，首先判断行政行为的合法性，并结合有没有实际履行的内容以及履行行政行为有没有实际意义等因素，确定行政行为的效力，最终选择何种判决形式。

4. 依行政行为效力择判原则与变更判决的适用

根据现有的法律规定，变更判决适用于行政处罚显失公正的情形。一般情况下，原告提出变更之诉的情形不多，因此，变更判决大多数情况下是属于超越诉讼请求的。从行政行为理论看，行政处罚是否公正是一个合理性问题，而不是一个合法性问题。我国《行政诉讼法》规定，行政诉讼不审查行政行为的合理性问题，但如果行政行为显失公正又转化为一个合法性问题。人民法院通过审理，如果认为行政处罚显失公正，可以确认行政处罚违法无效，依据行政行为的效力，作出变更判决。或者认为行政处罚合法，作出驳回诉讼请求判决。前述情形既符合依诉请择判也符合依行政行为效力择判原则。但是司法实践中，变更判决往往是超越原告诉请而判决的。比如，如果原告以处罚过重为由，提起要求变更行政处罚的诉讼请求，结果人民法院审理发现，公安机关滥用职权，行政处罚畸轻，而作为第三人的被侵害人要求加重处罚，此时人民法院超越行政诉请加重对原告的处罚。如果按照诉请与判决一致的原则，人民法院不得加重对原告的处罚，显然不利于被侵害人的权利保护。此时，法院作出变更判决的依据是行政行为的效力而不是诉请，尽管行政判决于原告更不利，但是出于维护客观行政法律秩序的需要，超越原告诉请判决也是必要的。

5. 依行政行为效力择判原则与确认判决的适用

根据1999年最高人民法院的司法解释，确认判决可以分为三种情况：一是确认合法或者有效判决，是指被诉行政行为合法，但不宜适用维持判决和驳回诉讼请求判决情况下的判决形式。二是确认违法或者无效判决，人民法院在行政行为违法但却没有实际可以撤销的内容，或者行政不作为违法但履行又没有实际意义的情况下作出此决种判。三是确认违法但有效判决，是指行政行为违法但为了公共利益不撤销行政行为，使之仍然有效，并给原告予以补偿的判决形式。第一种情形显然不是依诉请择判的，也是学者们争议最多的，以不符合依诉请择判为由建议取消确认合法判决。但出于审判实践的需要，不得不设立这么一种判决形式。例如，甲诉某行政行为违法，经人民法院审理被诉行政行为合法，但却没有维持的内容，同时被诉行政行为存在合理性问题，如果适用驳回诉讼请求判决，又有违背司法公正之嫌，此时法院应当作出确认合法判决的同时指出行政行为存在合理性问题。此外，人民法院审理行政合同案件，作出确认行政合同有效的判决更为常见。实际上，确认判决的三种情形总体上是与诉判一致相违背的，但行政审判的复杂情形又不得不需要设立这三种判决形式。在审判实践确认判决可以适用于撤销之诉、确认之诉、给付之诉中，如果在撤销之诉和给付之诉中，适用确认判决显然是违背依诉择判的，此种情形运用确认判决的基础是行政行为的效力以及相关因素的考虑。只有在确认之诉中，适用确认判决才符合依诉择判，但审判的核心依然是行政行为的效力，只是行政诉请和行政行为的效力重叠而已。因此，人民法院在适用确认判决时，务必将行政行为的合法性与相关因素综合考虑，确定行政行为的效力，决定是否适用确认判决。

6. 依行政行为效力择判原则与驳回诉讼请求判决的适用

驳回诉讼请求判决从理论上说可以适用于任何诉讼类型，是对原告诉讼请求作出否定性评判的判决类型，是与诉判一致相吻合的。按照 1999 年最高人民法院的司法解释规定，被诉行政行为合法但存在合理问题，人民法院一般应当作出驳回诉讼请求判决。虽然符合依诉请择判原则，但人民法院作出驳回诉讼请求的判决的基础仍然是行政行为的效力。人民法院在作出驳回诉讼请求判决时，首先判断行政行为的合法性、有效性，然后是行政行为的合理性。如果行政行为合法但不合理同时存在，就可以作出驳回诉讼请求的判决。但笔者认为，在此种情形下适用驳回诉讼请求判决有违背司法公正之嫌，原告难以接受一个行政行为存在合理性问题却被驳回诉讼请求的判决结果，不利于行政争议的平息。相反，如果依行政行为效力，采用确认合法判决的同时，指出行政行为存在合理性问题，实现行政诉讼法律效果和社会效果的统一，既起到了监督行政的作用，也符合行政法的行政合法和行政合理两项原则（参见图 9-1）。

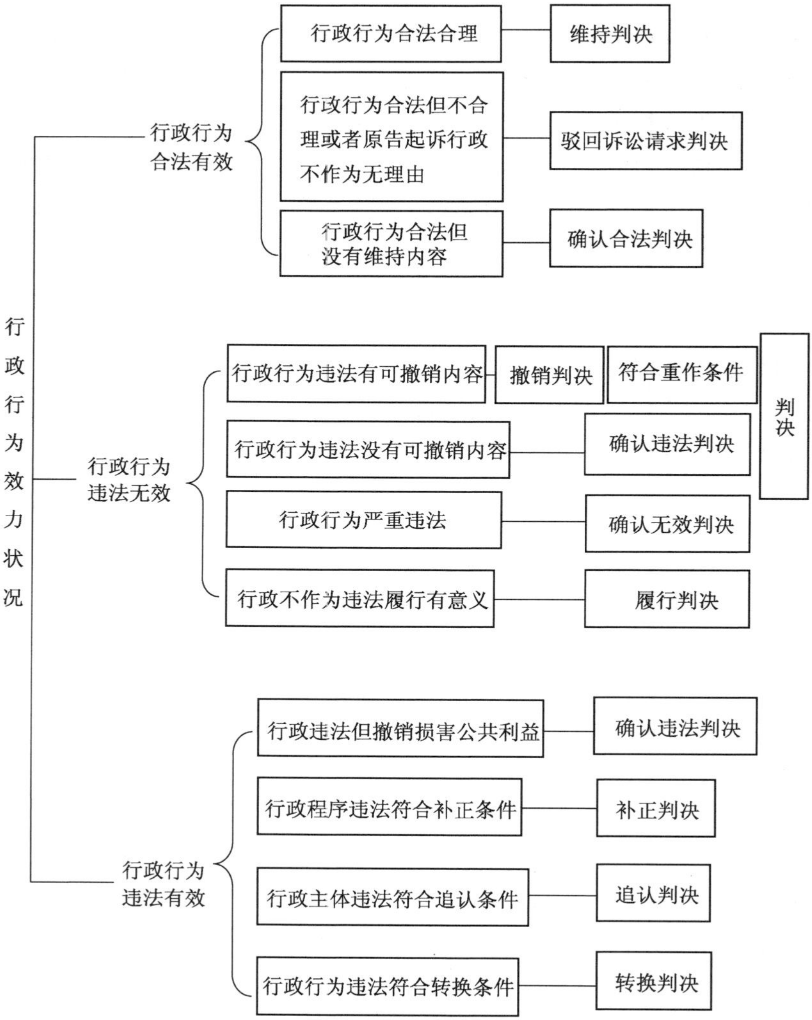

图 9-1　行政行为效力状况

第十章　行政诉讼执行程序

一、律师如何理解行政诉讼的执行程序

行政诉讼执行(程序),主要是指由人民法院依据《行政诉讼法》对有效司法裁判所实施的执行,以及经行政机关或有关权利人申请,人民法院适用司法程序审查后对其具体行政行为所实施的强制执行。行政诉讼法学上所研究的行政执行,专指人民法院的强制执行活动,即人民法院的执行组织和执行人员依照法律规定的程序,运用国家的强制力,根据已经发生法律效力的行政诉讼裁判及行政机关行政决定的内容,强制义务人履行义务的行为。人民法院进行行政执行所应遵循的程序,即行政执行程序。

人民法院的行政执行分为两类:其一,人民法院根据一方当事人的申请或者依职权,强制负有义务的对方当事人履行已生效的行政诉讼判决、裁定,即对人民法院裁判的执行;其二,人民法院根据行政机关的申请,对于负有义务的行政管理相对人对行政机关的具体行政行为在法定期限内不提起诉讼而又不履行的,强制义务人履行,即人民法院强制执行行政机关的具体行政行为。行政机关申请人民法院执行的具体行政行为,一般都已制作为行政决定,表现为行政机关的行政决定书,因此,人民法院的这种行政执行程序又可称为人民法院执行行政机关的行政决定。

行政执行程序在行政诉讼中的地位非常重要。它可以有效地保证人民法院判决、裁定和行政机关行政决定所确立的权利义务得以实现,保护当事人的合法权益,维护国家法律的尊严;同时通过行政执行,宣传社会主义法制,提高当事人和全社会遵守法律的自觉性。

在我国,行政审判脱胎于民事审判,最高人民法院《若干问题的解释》第九十七条规定:“人民法院审理行政案件,除依照《行政诉讼

法》和本解释外,可以参照《民事诉讼法》的有关规定。”可见两种诉讼联系之密切。从形式上看,行政诉讼与民事诉讼均表现为法院作为中立的第三方对纠纷双方进行裁判,两者的基本原则大体相同,如独立行使审判权原则,以事实为根据、以法律为准绳原则,实行合议、回避、公开审判和两审终审制度等。

二、我国关于行政诉讼执行程序的相关规定

(一)执行主体

《行政诉讼法》规定,对于公民、法人或者其他组织拒绝履行判决、裁定的,第一审人民法院可以强制执行,行政机关也可以自己依法强制执行。第一审人民法院认为情况特殊需要由第二审人民法院执行的,可以报请第二审人民法院执行;第二审人民法院可以决定由其执行,也可以决定由第一审人民法院执行。

(二)执行开始

依照《行政诉讼法》的规定,对于公民、法人或者其他组织拒绝履行判决、裁定的,人民法院只能依行政机关的申请开始执行,《行政诉讼法》没有规定这种情况下人民法院可以依职权开始执行。

行政机关向第一审人民法院申请执行生效判决、裁定的期限,为180日。申请执行的期限从法律文书规定履行期间的最后一日起计算。法律文书中没有规定履行期间的,从该法律文书送达当事人之日起计算;逾期申请的,除有正当理由外,不予执行。

(三)执行措施

对于公民、法人或者其他组织拒绝履行判决、裁定的,《行政诉讼法》没有规定具体的强制执行措施。从公民、法人或者其他组织拒绝履行判决、裁定的情况分析,人民法院需要采取的执行措施,可以比照《民事诉讼法》的规定,根据案件的不同情况采取以下措施:①冻结、划拨、提取、扣留拒绝履行判决、裁定的公民、法人或者其他组织的储蓄存款或者劳动收入;②查封、扣押、冻结、变卖财产;③强

制交付法律文书所指定的财物或者票证;④强制迁出房屋或者退出土地;⑤强制执行法律文书所指定的行为;⑥划拨企业事业单位、机关、团体及其他组织的存款。这些强制措施的具体方法和注意事项,详见《民事诉讼法》的有关规定。

(四) 对行政机关拒绝履行义务的执行

《行政诉讼法》规定,行政机关拒绝履行判决、裁定的,第一审人民法院可以采取以下措施:①通知银行划拨。对应当归还的罚款或者应当给付的赔偿金,通知银行从该行政机关的账户内划拨。这主要是针对行政机关应完成一定的金钱给付行为而采取的措施。除了针对应归还的罚款和应当给付的赔偿金外,还包括应当返还的财物,如行政机关违法要求履行义务时,多收的税款、滞纳金等。如果权利人是在银行有账户的法人或者其他组织,则通知银行将负有履行义务的行政机关账户内的存款划拨到权利人的账户上;如果权利人是在银行无账户的公民或者其他组织,则通知银行将该行政机关账户内的存款提出转交给权利人。②处以执行罚款。在规定期限内不履行的,从期满之日起,对该行政机关按日处50至100元的罚款。这主要是针对行政机关应完成一定的行为而采取的措施。对于行政机关应完成的一定的行政管理行为,如发给驾驶证、处理交通事故等,人民法院不能代替,因此只能采取执行罚款的措施。从期满之日起,根据情节轻重,按日处以一定的罚款,一直罚到行政机关履行完义务为止。③提出司法建议。向拒绝履行判决、裁定的行政机关的上一级行政机关或者监察、人事机关提出司法建议。司法建议是人民法院行使审判权时,对与案件有关但不属于人民法院审判工作所能解决的一些问题,向有关单位和个人提出的合理化建议。其目的在于使有关单位堵塞漏洞,改进工作,完善制度,消除不利因素。《行政诉讼法》要求,接受司法建议的机关,根据有关规定进行处理,并将处理情况告知人民法院。④追究刑事责任。拒不履行判决、裁定,情节严重构成犯罪的,负责执行的人民法院应将有关犯罪事实材料移送同级人民检察院,依法追究主管人员和直接责任人员的刑事责任。行政机关拒绝履行生效判决、裁定,公民、法人或者其他组织申请人民法院强制执行的程序，最高人民法院《若干问题的解释》规定，执行组织是第一审人民法院。第一审人民法院认为情况特殊需要由第二审人民法院执行的，可以报请第二审人民法院执行；第二审人民法院可以决定由其执行，也可以决定由第一审人民法院执行。申请人是公民的，申请期限为一年。申请人是法人或者其他组织的，申请期限为180日。申请执行的期限从法律文书规定的履行期限最后一日起计算；法律文书没有规定履行期限的，从法律文书送达当事人之日起计算。逾期申请的，除有正当理由外，不予执行。

除以上措施外，人民法院还可以参照《民事诉讼法》的有关规定，对主要负责人或者直接责任人予以罚款处理。

（五）人民法院执行行政决定的程序

人民法院执行行政机关行政决定的程序，主要是在最高人民法院《若干问题的解释》中加以规定的，可理解为对执行申请的受理和审查。

1. 受理执行申请的条件

最高人民法院《若干问题的解释》规定，行政机关根据行政诉讼法的规定申请人民法院执行其具体行政行为，应当具备一定的条件。人民法院对符合条件的申请，应当立案受理，并通知申请人；对不符合条件的申请，应当裁定不予受理。具体条件是：①具体行政行为依法可以由人民法院执行；②具体行政行为已经生效并且具有可执行内容；③申请人是作出该具体行政行为的行政机关或者法律、法规、规章授权的组织；④被申请人是该具体行政行为所确定的义务人；⑤被申请人在具体行政行为确定的期限内或者行政机关另行指定的期限内未履行义务；⑥申请人在法定期限内提出申请；⑦被申请执行的行政案件属于受理申请执行的人民法院管辖。

2. 不予执行的情形

最高人民法院司法解释规定，被申请执行的具体行政行为有下列情形之一的，人民法院应当裁定不准予执行：①明显缺乏事实根据的；②明显缺乏法律依据的；③其他明显违法并损害被执行人合法权益的。

如果说最高人民法院司法解释关于受理执行申请的条件的规定基本上是要求人民法院对被申请执行的具体行政行为进行程序审查的话，则关于不予执行的情形，实际上规定了人民法院应当对具体行政行为进行实质审查，即进行合法性审查。

（六）申请执行的期限

行政机关申请人民法院强制执行其具体行政行为，应当自被执行人的法定起诉期限届满之日起 180 日内提出。逾期申请的，除有正当理由外，人民法院不予受理。

在行政诉讼进行过程中，被告或者具体行政行为确定的权利人申请人民法院强制执行被诉的具体行政行为，人民法院一般不予执行。但如果不及时执行可能会给国家利益、公共利益或者他人合法权益造成不可弥补的损失的，人民法院可以先予执行。但具体行政行为确定的权利人申请强制执行的，应当提供相应的财产担保。

行政机关根据法律的授权对平等主体之间民事争议作出裁决后，当事人在法定期限内不起诉又不履行的，作出裁决的行政机关在申请执行的期限内未申请人民法院强制执行的，生效具体行政行为确定的权利人或者其继承人、权利承受人在 90 日内可以申请人民法院强制执行。

（七）执行管辖

行政机关申请人民法院强制执行其具体行政行为的，由申请人所在地的基层人民法院受理；执行对象为不动产的，由不动产所在地的基层人民法院受理。基层人民法院认为执行确有困难的，可以报请上级人民法院执行；上级人民法院可以决定由其执行，也可以决定由下级人民法院执行。

（八）执行机构和执行期限

人民法院受理行政机关申请执行其具体行政行为的案件后，应当在 30 日内由行政审判庭组成合议庭对具体行政行为的合法性进行审查，并就是否准予强制执行作出裁定；需要采取强制执行措施的，由本院负责强制执行非诉行政行为的机构执行。

三、律师在行政诉讼执行程序中应该注意的问题

律师在接受申请执行人委托后，应当立即着手准备申请执行的工作。从司法实践看，这时的律师工作做得细不细，工作是否到位，可能直接影响到接下来的人民法院的执行工作顺不顺利、执行的最终结果能不能令申请执行人满意。当然，由于案件的性质不同，作为申请执行人的代理律师所要做的工作也不一样。有的案件，代理律师要花很多的时间，要做大量的工作；有的案件，代理律师只要花很少的时间就可以做好必须做的工作。不管代理律师接手的是什么样的案件，以下工作是所有执行案件申请执行人的代理律师必须加以重视，而且必须做好的工作。

（一）调查了解有关事实

执行是由被执行人不如期履行生效法律文书所确定的义务而引起的。被执行人不如期履行义务的原因有多种。有的是主观上的原因，比如有履行能力，但主观上不愿意履行；有的是客观上的原因，比如没有履行能力或者被执行人不知道有履行义务；还有的是主观上也不愿意履行、客观上也没有完全履行的能力，如，公民甲被行政机关处以 5 000 元的罚款，但他只有 3 000 元钱，他认为，反正自己没有 5 000 元，那就一分钱也不缴了。对被执行申请人不履行义务的原因进行调查、了解，弄清被执行申请人究竟是“不为”“不能为”还是“不能完全为”抑或“不知道为”。对于“不为”或者“不能完全为”的，要弄清有什么可执行的财产，这些财产的权属状况，这些财产在什么地方；对于“不知道为”的，要弄清“不知道为”的原因，如果“不知道为”是由于权利义务的承继而引起的，还应当调查、了解法律文书中确定的原义务人和承继人的关系。这对于执行申请人和人民法院的强制执行工作的落实具有重要的作用。一方面，它可

以避免执行申请人提出申请和人民法院采取强制执行措施的盲目性；另一方面，它能保证执行工作的高效、顺利开展，保证执行申请人权益的尽快实现。如律师通过调查、了解，发现了被执行人可供执行的财产，律师在帮助委托人申请执行的同时，可以将有关被执行人的可供执行的财产情况及时提供给法院，或者在申请执行的同时，申请执行财产保全。

（二）准确确定被执行人

一般来说，对被执行人的确定，律师可以依据生效的法律文书来确定，生效法律文书中所确定的义务人依法应当是被执行人。但是，在司法实践中，由于生效法律文书中确定的公民死亡或者组织消灭的，申请执行的被执行人就不是生效法律文书中确定的义务人了。因此，律师在确定被执行人时不能仅仅依据生效法律文书来确定，而是应当在调查、了解、核实过被执行人的有关情况后再确定。否则，可能发生执行阻却的情况，导致执行程序的中断。

（三）明确受案法院

申请执行的案件归哪个法院管辖，这是执行申请人比较关心的问题，作为代理律师应当帮助委托人选择、确定好正确的管辖法院。

首先，代理律师应当注意区分案件的性质，然后依据案件的性质帮助委托人确定管辖法院。根据《行政诉讼法》的规定，申请执行的案件按照申请人申请执行的事项不同可以分为两种：一种是行政机关申请人民法院强制执行其具体行政行为的案件，如上文中所举的卫生行政管理机关申请人民法院强制执行行政处罚决定一案；另一种是非行政机关申请人民法院强制执行的案件，如公民甲申请人民法院强制执行公安行政赔偿案件。由于这两类案件的性质不同，法律对此所规定的法院管辖原则也不一样。针对第一条第一类案件，《若干问题的解释》第八十九条第一款规定，行政机关申请人民法院强制执行其具体行政行为的，由申请人所在地的基层人民法院受理；执行对象为不动产的，由不动产所在地的基层人民法院受理；针对第二类案件，根据《若干问题的解释》第八十五条第一款的规定，申请人依据发生法律效力的行政判决书、行政裁定书、行政赔偿判决书和行政赔偿调解书申请人民法院执行的，应当向第一审人民法院提出申请，由第一审人民法院行使执行管辖权。所以，代理律师接手案件、确定管辖法院时，应当区分案件的性质，按照《若干问题的解释》的规定选择确定管辖法院。

其次，注意防止直接向第二审人民法院或者中级人民法院提出执行申请的错误现象发生。虽然，在司法实践中，有些行政执行案件，我们可以看到是由中级以上人民法院实施具体执行措施进行执行的，但是，根据法律的规定，中级以上人民法院不是申请执行人提出执行申请时的案件执行管辖法院。《若干问题的解释》第八十五条第二款规定：经过人民法院审理的案件“第一审人民法院认为情况特殊需要由第二审人民法院执行的，可以报请第二审人民法院执行；第二审人民法院可以决定由其执行，也可以决定由第一审人民法院执行”。第八十九条第二款规定，对于行政机关申请执行其具体行政行为的案件，“基层人民法院认为执行确有困难的，可以报请上级人民法院执行；上级人民法院可以决定由其执行，也可以决定由下级人民法院执行。”上述规定清楚表明，对于经人民法院审理的行政案件以及未经人民法院审理的行政机关申请执行其具体行政行为的案件，当事人申请执行的，应当由第一审人民法院或者由作出具体行政行为的行政机关所在地基层人民法院管辖。只有第一审人民法院或者行政机关所在地基层人民法院报请第二审法院或者上级法院执行时，才可能引起第二审法院或者上级法院的执行问题。因此，除中级人民法院作为第一审法院审理的案件中级人民法院有执行管辖权外，其他任何行政执行案件，中级以上人民法院的执行不是来自原有的管辖权。也就是说，不是来自执行申请人的申请，而是来自下级法院的报请。

（四）提出执行申请

执行申请人的代理律师在进行了有关的执行审查以及调查、了解、分析工作后，应当帮助委托人制作执行申请书，制作的执行申请书还应当按照被申请执行人的人数准备好副本。值得注意的是，在向有执行管辖权的人民法院提出执行申请时，代理律师应当将生效的法律文书、委托律师的授权委托书、证明被执行人有执行能力的有关证据（如被执行人的财产、现在所从事的工作、工作单位等）一并准备好，并随同执行申请生效书递交给法院。如果执行申请书所列出的被执行申请人与生效法律文书中所确定的义务人不一致的，还应当递交有关证据，证明为什么不列生效法律文书中义务人为被执行人，此外，还应当递交执行申请书所列被执行人与生效法律文书中所确定的义务人之间关系的证据。

案例实录

杨剑波状告证监会案庭审实录[①]

2013年11月，中国证券监督管理委员会（以下简称证监会）对杨某作出行政处罚决定及市场禁入决定，两决定认定：2013年8月16日11时05分，光大证券股份有限公司（以下简称光大证券）在进行交易型开放式指数基金（以下简称ETF）申赎套利交易时，因程序错误，其所使用的策略交易系统以巨量资金申购180ETF成分股，同日光大证券决策层达成做空股指期货、卖出ETF对冲风险的意见，并让杨某负责实施。由此，证监会以光大证券决策层了解相关事件的重大性之后，在没有向社会公开之前进行的交易，应当认定为内幕交易为由，决定对杨某给予行政处罚及市场禁入。

杨某不服行政处罚及市场禁入决定，认为光大证券的错单交易信息不属于内幕信息，光大证券并未利用错单交易信息从事证券或期货交易活动，杨某并非其他直接责任人员，并由此向北京市一中院提起行政诉讼，请求法院撤销两被诉决定。

以下为案件庭审记录：

［09:23:40］

［书记员］：现在宣布法庭纪律。为维护法庭秩序，保障审判活动正常进行，根据《中华人民共和国法庭规则》和有关规定，现在宣布法庭纪律：（一）旁听人员未经允许不准录音、录像，不准进入审判区，不准发言提问，不准鼓掌、喧哗、吵闹或有其他妨碍诉讼的行为。（二）保持法庭安静，携带通信工具的，请关闭。（三）对违反法庭纪律且经法庭劝止不从者，经审判长决定可以没收录音、录像磁带、胶

---

① 本案件文字实录来源于中国基金网，网址：http://www.chinafund.cn/article/201444/201444_260370.html。2014年4月10日访问。

卷，或者责令退庭，直至追究法律责任。

[09:32:30]

[书记员]：现在核对当事人及委托代理人情况。

原告杨剑波

委托代理人李江，北京市中兆律师事务所律师。

委托代理人杨翼飞，北京市中兆律师事务所西安分所律师。

被告中国证券监督管理委员会，住所地北京市西城区金融大街19号。

法定代表人肖钢，主席。

委托代理人罗娟，女，中国证券监督管理委员会干部。

委托代理人徐云，男，中国证券监督管理委员会干部。

[09:34:33]

[书记员]：全体起立，请审判长、审判员入庭。

[书记员]：报告审判长，本案原告杨剑波及其委托代理人李江、杨翼飞，被告中国证券监督管理委员会的委托代理人罗娟、徐云均已到庭。经核对，各方当事人及其委托的诉讼代理人的身份和代理权限均符合法律规定。

[09:38:21]

[审判长]：(敲槌)现在开庭。根据《中华人民共和国行政诉讼法》第四十五条之规定，北京市第一中级人民法院今天公开开庭合并审理(2014)一中行初字第2438、2441号原告杨剑波诉被告证监会行政处罚、市场禁入两案。

[审判长]：经庭前审查，各方当事人及其委托的诉讼代理人的身份和代理权限均符合法律规定，可以参加本案诉讼。

[审判长]：现在宣布合议庭组成人员。本案由本院法官龙非担任审判长并主审，会同法官赵锋、薛政组成合议庭，书记员张婷婷担任法庭记录。

[09:39:26]

[审判长]：庭前已向各方当事人送达了当事人权利义务告知书及合议庭组成人员通知书，告知了各方当事人诉讼权利及义务。各方当事人是否都已清楚？

[原告]:清楚。

[被告]:清楚。

[09:39:54]

[审判长]:根据《行政诉讼法》第四十七条的规定,当事人如果认为本案合议庭组成人员、书记员与本案有利害关系或其他关系,可能影响案件公正审判的,有权在法庭辩论结束前申请上述人员回避。各方当事人对合议庭成员及书记员是否申请回避?

[原告]:不申请回避。

[被告]:不申请回避。

[09:40:18]

[审判长]:现在进行法庭审查。各方当事人应当对法庭的提问作出直接明确的回答。

[审判长]:请原告明确两案诉讼请求。

[原告]:请求法院判决撤销被告证监会做出的[2013]第20号《市场禁入决定书》及[2013]第59号《行政处罚决定书》,判令被告承担两案诉讼费用。

[09:43:14]

[审判长]:合议庭当庭评议两被诉决定针对其他主体作出的处罚内容及市场禁入内容与原告没有利害关系,原告只能针对两被诉决定针对原告作出的行政处罚内容及市场禁入内容提起行政诉讼,原告是否坚持刚才的诉讼请求描述?

[原告]:我的诉讼请求针对被告向原告本人作出的行政处罚决定及市场禁入决定。

[09:46:04]

[审判长]:请被告陈述被诉行政处罚决定和被诉市场禁入决定的文号和两决定针对原告部分的主文,以及作出的时间和送达方式。

[被告]:被告于2013年11月1日作出[2013]年第59号《行政处罚决定书》,该决定书中认定原告为光大证券内部交易的其他责任人,并根据《中华人民共和国证券法》(以下简称《证券法》)第二百零二条和《期货管理交易条例》第七十条规定,决定对原告处以警

告、并处以罚款共计60万元。被告于2013年11月1日对原告作出[2013]第20号《市场禁入决定书》,认定原告为光大证券内幕交易的其他责任人员,终身不能从事证券业务,宣布原告为期货市场禁入者。2013年11月14日,被告向原告送达了被诉处罚决定书及被诉市场禁入决定书,以委托送达方式送达。

[审判长]:原告对于被告陈述是否有异议?

[原告]:没有。

[09:49:30]

[审判长]:原告收到两被诉决定的时间?

[原告]:2013年11月14日收到两被诉决定。

[审判长]:原告是否针对两被诉决定提起行政复议?

[原告]:没有。

[审判长]:原告何时向法院提起两案行政诉讼?

[原告]:2014年2月8日。

[审判长]:根据原告陈述及法庭卷宗记载,法院确认两案原告起诉日期是2014年2月8日。被告对原告的起诉符合起诉期限是否有异议?

[被告]:没有。

[09:51:41]

[审判长]:请原告陈述起诉的主要事实与理由。

[原告]:被告针对原告作出被诉行政处罚决定和市场禁入决定后,原告认为被告的上述决定违反了现行法律规定,侵犯了原告的合法权益,不利于中国证券行业新兴业务发展。第一,光大证券的错单交易信息不属于内幕信息,被告的认定缺乏法律依据。第二,光大证券的错单交易信息已处于公开状态,不符合内幕信息的构成要件。第三,光大证券没有利用错单交易信息从事证券或者期货交易活动。第四,原告并非本案的其他直接责任人员。

[09:55:39]

[审判长]:被告陈述答辩的主要事实与理由。

[被告]:被告对原告作出的行政处罚决定及市场禁入决定事实清楚、证据确凿、程序合法。关于原告提出光大证券的错单交易信

息不属于内幕信息，中国证监会的认定缺乏法律依据的主张，我会认为，根据《证券法》第七十五条第二款第（八）项及《中华人民共和国期货交易管理条例》（以下简称《期货交易管理条例》）第八十二条第十一款规定，被告有权就具体信息是否属于内幕信息进行认定。本案中光大证券因为程序错误导致市场巨额成交，对沪深300指数、180ETF、50ETF和股指期货合约价格均可能产生重大影响，同时这些信息在一段时间内处于未公开状态，因此，被告根据案件事实和《证券法》的授权认定上述信息为内幕信息。光大证券上述信息披露之前，其他投资者并不知情，在此情况下光大证券本应当拒绝交易，待内幕信息公开以后再合理避险，但光大证券在内幕信息公开前，即反手交易明显违反了公开交易原则。对于原告提出的光大证券的错单交易信息已处于事实公开状态问题的主张，我会认为，光大证券在事发后没有按照法律要求合法披露相关信息，所谓乌龙指仅仅是市场的诸多传闻之一，因此不能认为属于事实公开状态。关于原告提出没有利用错单交易信息从事证券或期货交易活动的主张，我会认为，原告所为的中性策略应当遵守法律法规的规定，任何人不能以中性策略为由违反法律规定。关于原告提出的其并非是其他直接责任人员的主张，我会认为，原告在事件发生之后，与光大证券其他管理人员一起开会达成了意见，并由原告负责事实，原告是当天巨额交易的负责人，在该案中起到了较大作用，应当认定为本案的其他直接责任人员。综上，我们请求法院维持被诉的处罚决定和市场禁入决定，驳回原告的诉讼请求。

[10:06:57]

[审判长]:法庭向双方当事人说明庭前证据交换中原告就被告作出两被诉决定程序部分的证据质证情况以及原告程序部分提交证据的情况。

[审判长]:原告对于被告程序方面的证据是否确认？

[原告]:确认。

[审判长]:被告是否有异议？

[被告]:没有。

[10:09:30]

[审判长]:被告简要陈述两被诉决定作出的程序，即立案、调

查、陈述申辩的基本情况。

[被告]:被告于2013年8月18日展开调查,8月30日作出拟行政处罚及市场禁入预先告知书,31日送达原告。9月3日被告收到原告回执,原告明确表示不需要举行听证会,但需要申辩。9月9日被告收到原告意见。10月18日原告向被告补充提交申辩意见。2013年11月1日被告作出行政处罚决定和市场禁入决定。

[审判长]:原告对被告作出被诉决定的程序合法性是否有异议?

[原告]:没有异议。

[10:14:51]

[审判长]:被告提交实体部分证据有六组:一、内幕信息形成证据,包括对相关人员询问笔录、有关说明、交易电子证据、司法鉴定所检验报告书、2013年8月16日大盘走势图、媒体报道。原告对于真实性、关联性没有异议,但认为该组证据不足以证明错单交易信息属于内幕信息。二、证明内幕信息披露过程的证据,包括上交所微博信息披露平台过程、光大证券公告审批表、上交所关于光大证券的监管工作函、董事会文件说明、通信记录、董事会秘书询问笔录。原告对于该组证据真实性、合法性、关联性没有异议,但认为董事会秘书询问笔录不能达到被告的证明目的。三、证明被诉决定认定内幕信息知悉过程的证据,包括光大证券成员分工通知、相关人员入职文件、会议纪要、询问笔录、通信记录、录音、视频监控录像。原告对于该组证据的关联性、合法性、真实性无异议,但认为会议纪要不能证明被告证明目的,反而可以证明决策形成过程与原告无关。四、内幕交易相关情况的证据,包括成交明细、交易报告、交易数据、统计结果情况表、电子邮件、资金凭证、资金指定情况、相关询问笔录。原告对于该组证据的真实性、合法性、关联性无异议,但认为该组证据不能证明光大证券当日实行的交易行为是内幕交易。五、证明就本案上交所、上海证监局履行职务情况的证据,包括相关工作人员询问笔录、通话记录、电话录音光盘。原告对张宏询问笔录、陈述内容的真实性不予认可,对关于原告等人电话录音光盘的证明目的有异议,该证据可以证明在交易时上海证监局已经知道光

大证券的交易行为。对其他证据的三性没有异议。六、光大证券修改交易程序的证据，包括对光大证券相关人员询问笔录、内部相关制度规定。被告认为该组证据不是被诉决定直接证据，用以证明光大证券内部管理情况，原告认为该组证据与本案没有关联性，且该组证据可以证明本案的错单交易是光大证券内部问题。

[审判长]：被告对于证据提交情况是否予以确认？

[被告]：确认。

[审判长]：原告对于质证意见是否确认？

[原告]：确认。

[10：23：00]

[审判长]：庭前证据交换中原告提交了下列证据：一、光大证券会议纪要，证明2013年8月16日11点40分召开会议，会议决定了下午继续进行交易，证明光大证券高管层决策。二、投资部管理制度，证明主要业务是市场策略性投资。光大证券实行的交易是既定交易，不构成内幕交易。三、证人证言，8月16日错单发生后，光大证券立即向相关证券监管机构进行报告，相关证券监管机构事先目睹了交易过程。四、证监会在“两会”期间新闻发布会实录，证明没有针对异常情况对被告授权处理，被告认定内幕交易缺乏法律依据。五、公证书，证明相关网络视频、报告，这些媒体在事发当时报告，在错单后国内主流媒体都进行了报道，不存在内幕信息。被告的质证意见是：对于证据一会议纪要的三性没有异议；对于证据二光大证券策略投资部管理制度的三性没有异议；对于证据三证人证言，被告认为由于证人无法到庭，无法核对身份，其证言内容真实性不予认可；对于证据四的真实性、合法性无异议，但不同意关联性；对于证据五的三性没有异议，但不同意原告证明作用。

[审判长]：原告对于提交证据是否确认？

[原告]：确认。

[审判长]：被告对于发表的质证意见是否确认？

[被告]：补充一点，我方认为原告提交的证据一、二不能支持原告的证明目的。

[10：30：10]

[审判长]：本院依法通知证人到庭，但经本院通知证人未到庭，

且未说明理由，法庭将综合本案证据及案情，对证人证言进行审查。对于双方当事人就证据关联性、证明目的有争议的证据，法庭将综合庭审陈述意见进行审查。对于双方当事人无争议的证据，根据最高人民法院《关于执行〈中华人民共和国行政诉讼法〉若干问题的解释》的规定可以作为证据。

[10:35:03]

[审判长]:被告陈述两被诉决定认定的事实。

[被告]:2013年8月16日11时05分，光大证券在进行交易型开放式指数基金(以下简称ETF)申赎套利交易时，因程序错误，其所使用的策略交易系统以234亿元的巨量资金申购180ETF成分股，实际成交72.7亿元。经测算，180ETF与沪深300指数在2013年1月4日至8月21日期间的相关系数达99.82%，即巨量申购和成交180ETF成分股对沪深300指数、180ETF、50ETF和股指期货合约价格均产生重大影响。同时，巨量申购和成交可能对投资者判断产生重大影响，从而对沪深300指数、180ETF、50ETF和股指期货合约价格产生重大影响。根据《证券法》第七十五条第二款第八项和《期货交易管理条例》第八十二条第十一项的规定，“光大证券在进行ETF套利交易时，因程序错误，其所使用的策略交易系统以234亿元的巨量资金申购180ETF成分股，实际成交72.7亿元”为内幕信息。光大证券是《证券法》第二百零二条和《期货交易管理条例》第七十条所规定的内幕信息知情人。上述内幕信息自2013年8月16日11时05分交易时产生，至当日14时22分光大证券发布公告时公开。同日不晚于11时40分，徐浩明召集杨赤忠、沈诗光和杨剑波开会，达成通过做空股指期货、卖出ETF对冲风险的意见，并让杨剑波负责实施。因此，光大证券知悉内幕信息的时间不晚于2013年8月16日11时40分。

[10:37:09]

[审判长]:原告对上述事实是否有异议?

[原告]:基本事实认可，被告对有关案件事实真实性的有些问题没有完整进行陈述。一、处罚决定记录事实当中遗漏了被告及上交所在后台交易信息发生后，到原告所在工作场所进行核查、调查

事件经过，以及见证原告交易过程。二、被告在其处罚决定书当中对于错误交易所涉及的经过及结果没有作出直接认定。原告在 8 月 16 日下午并没有进行股指期货交易。被告对于原告所获利润的计算办法，没有提供其确认财务依据。

［10：39：53］

［审判长］：原告明确刚才所说的关于事实的第二个争议内容吗？

［原告］：被告认定原告卖出资金获利价值 43.8 亿元，但被告没有提供财务依据。同时，股指期货当日没有进行交割。

［审判长］：原告对股指期货违法所得数额有异议？

［原告］：是的。

［审判长］：原告在行政程序中是否对这个问题提出过申辩？

［原告］：我在陈述意见中没有详细阐述这个问题，但光大证券的陈述中有提到。

［10：43：17］

［审判长］：被告陈述作出两被诉决定的主要理由。

［被告］：我方按照《证券法》第七十五条第二款第八项、第二百零二条、第二百三十三条，《期货交易管理条例》第七十七条、第七十八条、第八十二条，《证券市场禁入规定》第五条，对原告作出行政处罚、市场禁入决定。考虑光大证券内幕交易行为对市场造成了严重影响，原告是光大证券内幕交易的主要建议人和主要执行人，故被告作出上述处罚。

［10：45：41］

［审判长］：原告发表意见。

［原告］：被告将原告的交易信息列为内幕信息不符合《证券法》第七十五条的规定，被告遗漏了《证券法》第七十六条、第七十三条关于内幕交易的规定。被告认为原告以及光大证券构成内幕交易，但是《证券法》第七十五条仅仅是对内幕信息的规定，而不是对内幕交易行为的界定，因此本案被告在法律适用上出现了严重的错误。因为法律适用上的严重错误，导致其将本案错单交易信息认定为《证券法》中的内幕交易信息。

[10:48:42]

[审判长]:下面法庭将围绕原告对于被诉决定的异议焦点问题进行审查。各方当事人是否清楚?

[原告]:清楚。

[被告]:清楚。

[10:48:52]

[审判长]:下面进行法庭调查和法庭辩论。根据双方诉辩主张及当事人就焦点问题发表的意见,法庭将两案的争议焦点归纳为以下四个方面:一、被诉决定认定的内幕信息是否构成内幕信息?该焦点又包含两个问题:第一,内幕信息是否必须是与发行人自身相关的信息?第二,涉案信息何时公开?二、光大证券的交易行为是否构成内幕交易?该争议的核心在于该交易行为是否基于既定交易策略。三、原告是否构成其他直接责任人员?四、被告认定涉案交易行为构成内幕交易是否满足行政处罚依据应当事先公开的要求?各方当事人对焦点问题的总结是否有异议?

[原告]:对于被告作出行政决定的职权依据,即被告作出被诉行政决定是否符合法定职权、是否涉及滥用法定职权我认为有问题。

[被告]:没有异议。

[审判长]:对于争议焦点以外的问题,原告可以补充陈述意见。

[原告]:好的。

[10:52:00]

[审判长]:内幕信息内容是什么?

[被告]:光大证券在 2013 年 8 月 16 日 11 点 5 分进行 ETF 套利交易时,因程序错误,其所使用的策略交易系统以 234 亿元的巨量资金申购 180ETF 成分股,实际成交 72.7 亿元。

[审判长]:原告对于该信息内容有异议吗?

[原告]:没有。

[10:54:34]

[审判长]:被告,涉案信息是否与发行人相关?

[被告]:一、被告认定内幕信息是两个部分,关于股指期货、

ETF 部分,需要原告明确。被告按照法律规定认定内幕信息,对ETF 和期货部分分别进行了认定。期货部分,《期货交易管理条例》第八十二条第十一项规定,内幕信息是对期货交易价格产生重大影响的尚未公开的信息,并规定被告有权将对期货交易价格有显著影响的其他重要信息认定为内幕信息。对于 ETF 部分,《证券法》第二条第二款及第二百零二条明确将所有证券包括内幕交易行为包括在内,只要涉及内幕信息,知情人在涉及证券的发行、交易或者其他对证券的价格有重大影响的内幕信息公布前,买卖该证券的都应当承担法律责任。上述法律规定两案涉案信息属于内幕信息范围,光大证券因程序错误以巨量资金申购 180ETF 成分股,可能影响投资者判断,对沪深 300 指数、180ETF、50ETF 和股指期货合约均可能产生重要影响,这一信息在一段时间内处于未公开状态,被告根据案件事实和《证券法》及《期货交易管理条例》的授权认定上述信息为内幕信息。二、《证券法》第七十五条第二款第(八)项,被告有权认定对证券或期货交易价格有显著影响的交易信息为内幕信息,光大证券上午因为系统错误导致巨额交易的信息对于沪深 300 指数和股指期货合约价格均可能产生重要影响,该信息在下午 2 点 22 分之前处于非公开状态,被告认定相关信息构成内幕信息。三、法律在一定程度上具有滞后性。

[原告]:股指期货没有异议。

[11:02:50]

[审判长]:被告明确内幕信息是否与发行人相关?

[被告]:法律没有规定内幕信息一定是与发行人相关的信息。《期货交易管理条例》没有涉及发行人,期货交易部分被告认定是 7000 万元违法所得,关于期货部分没有法律法规规定与发行人相关。证券部分需要原告明确,什么是与发行人相关?

[审判长]:请原告明确。

[原告]:内幕信息应该是发生在特定的上市公司、发行人本身,而不应是交易信息。

[被告]:不一定是只与一个公司的发行人有必然关系的信息。

[原告]:内幕信息是内幕交易背景下的信息而不是孤立信息,

现行《证券法》第七十五条、第七十六条完整界定了内幕信息的本质特点及其表现形式,《证券法》第七十五条第一款是对内幕信息概念内涵的界定,第七十五条第二款是对内幕信息的表现形式的界定,展示了内幕信息的具体表现形态,换句话说,第七十五条第一、二款从内涵、外延界定了内幕信息含义。第七十五条表达涉及公司经营财务、对该公司市场价格有重大影响的尚未公开的信息,本条的表达方式除了要求内幕信息具有重大性和未公开性外,极其重要的法律特性是与特定公司的关联性、重大性、未公开性,这三性合一构成内幕信息。第七十五条第二款列举内容都是上市公司、发行人的基础信息,涉及上市公司的价值判断,尽管被告有权依据第七十五条第二款第八项兜底条款认定市场当中发生的某些情形是否属于内幕信息,但是该认定不能超越第七十五条第一款规定,同时应当与七十五条第二款规定的内幕信息其他表现形式保持一致性。

[11:07:10]

[审判长]:被告发表意见。

[被告]:《证券法》第七十五条明确规定国务院证券管理机构对证券交易价格有显著影响的信息为内幕信息,如果按照原告代理人的说法,只要有前面七条就足够了,没必要有第八条。本案中被告认定ETF部分的内幕交易,证券资金份额的上市适用于《证券法》的规定。从立法技术上而言,《证券法》是2006年生效的,180ETF是2008年上市交易。按照原告代理人的意见,ETF上市交易在《证券法》生效之后,那随着市场发展像ETF这部分就不存在内幕交易了,不过法律并不是这样。在实践操作中,行政法有大量兜底条款。

[被告]:判定内幕信息不是根据与价格有关还是与形式有关,而是由内幕信息的特点划分的。

[11:10:34]

[审判长]:对于期货领域发表意见。

[原告]:期货领域内幕信息的界定首先适用《证券法》规定。因为《期货交易管理条例》和《证券法》已经明文规定,中国证券市场或是证券衍生品涉及内幕交易认定过程中,基本原理适用《证券法》的规定。

[审判长]:被告有补充吗?

[被告]:原告认为期货交易适用《证券法》的观点不正确。

[11:13:16]

[审判长]:被诉决定认定光大证券11点5分错单交易,光大证券从事什么交易?

[被告]:光大证券系统申购ETF180成分股,因为系统故障导致对180ETF成分股全部进行申购,导致了巨额交易,11点5分交易应当是股票市场交易。

[审判长]:光大证券交易行为业务是什么性质的业务?

[被告]:股票交易。

[审判长]:光大证券进行什么经营业务?

[被告]:属于证券公司的自营业务。

[审判长]:原告对于自营业务认可吗?

[原告]:认可。

[11:15:00]

[审判员]:被告认定的错单信息是与发行人有关的信息吗?

[被告]:不是与光大证券有关的信息。

[原告]:被告在答辩状中明确,错单交易的主体是光大证券,72亿元交易发生在光大证券,所以错单交易信息是光大证券信息而不是别人的信息。

[审判员]:证券、期货市场上,投资者的自身信息,对于投资者而言是否构成内幕信息?

[被告]:不能作出肯定是或不是的判断。

[11:17:09]

[审判长]:市场上,任意一大单行为在客观上都会对价格产生影响,大单交易的行为人在交易后,是否都有向市场公开他的交易行为和行为原因的义务,才能进行后续的相关交易?

[被告]:光大证券作为上市公司具有信息披露义务。

[原告]:原告认可被告意见,光大证券具有双重身份,光大证券是股票发行人,作为上市公司,错单信息是光大证券内幕信息,所以光大公司应当披露,但是作为机构投资者,它是股票买卖人,其交易

信息不属于内幕信息，所有交易人的信息都不是《证券法》规定的内幕信息，交易信息不符合《证券法》规定的内幕信息规定。

[11:18:47]

[审判长]:被告认定内幕信息开始时间？

[被告]:2013 年 8 月 16 日下午 2 点 22 分光大证券对内幕信息进行公开。

[审判长]:结合证据陈述如何认定公开时间？

[被告]:光大证券向上交所申请临时信息披露，同时 2 点 22 分上交所微博转载了披露公告，被告认定在 2 点 22 分光大证券对内幕信息进行公开。

[11:20:07]

[审判长]:原告陈述意见。

[原告]:原告认为光大证券错单交易信息如果作为内幕信息，其公开时间是 2013 年 8 月 16 日下午 1 点之前，通过公证机构调取了国内网站及媒体对错单交易的上网时间，通过大量媒体报道，新浪网在 8 月 16 日 11 时 47 分报道，网易是 11 点 46 分，中国证券报是 13 时 7 分，东方财富网是 11 点 44 分，报道内容是光大证券自营盘 70 亿乌龙指，发生错单交易的金额在国内主流媒体上有充分披露，光大证券错单交易信息在 8 月 16 日中午已经成为公开信息。被告认定光大证券内幕信息是当日下午 2 点 22 分发布有问题。

[11:23:23]

[审判长]:被告，内幕信息公开标准是什么？

[被告]:内幕信息公开由上市公司经过一定的程序向市场披露，而不是由一般媒体进行任意揣测。当日上午关于光大乌龙指的报道并未经过光大公司确认，当日董事会秘书梅键予以反驳，否认了市场波动是由光大证券乌龙指导致的，市场投资者无法从前后矛盾的报道中得到真实情况。当日的报道传闻很多，这些证据表明当日 11 时到 13 时之间，有多家媒体报道，光大证券是唯一全面知悉原因主体，反而利用信息优势先行交易。

[审判长]:被告用上交所的微博转载证明时间点吗？

[被告]:光大证券自己发布公告，2 点 22 分是上交所同步转载。

[11:24:37]

[审判员]:光大证券作为上市公司披露义务和内幕信息知情人披露义务是什么关系?

[被告]:光大证券是内幕信息知情人,光大证券是上市公司,应当及时履行信息披露义务。

[审判员]:被告的意见是公开应当是知情人或者是发行人自身主动公开,而不是其他第三方进行公开?

[被告]:是的。

[11:26:51]

[审判长]:原告有补充吗?

[原告]:被告援引上市公司信息披露管理办法,本案说的是内幕交易,应当适用证券市场内幕交易行为。中国证券市场上的内幕信息可能是发生在上市公司本身,也可能发生在上市公司的经营过程当中,也可能发生在上市公司的交易过程当中,作为上市公司本身如果发生了重大异动有披露义务,作为机构投资者不可能按照上市公司的披露办法去披露。同时,根据规定,内幕信息公开有三种方式:中国证监会指定媒体上发布,全国性报刊、网站揭露,被一般投资者广泛知悉或者理解。内幕信息应予以公开而不是在于通过哪个途径公开,上市公司主动披露是一种方式,如果上市公司不主动披露国内网站予以揭露也是一种公开方式。不能把内幕信息公开方式仅仅界定为上市公司的主动披露。

[11:30:32]

[审判长]:被告是否有补充?

[被告]:针对本案而言,上市公司如果不进行信息披露,当时中午出现了很多传言,市场主体如何区分真假,光大证券在此事中是唯一知道实情的主体。

[原告]:在大盘波动时会有很多传言,此时只要关注信息是否披露了。被告反复提到光大证券董事会秘书接到记者电话,但被告只是注意到梅键说的话,没有注意到记者否认了梅键之前说的话。董事会秘书梅键没有按照法定程序披露,不能作为光大证券公司正式表态,难道梅键的披露能抵消国内各主流媒体对于事件的披

露吗?

[被告]:由于信息没有经过光大证券公司披露,所以才会有各媒体的揣测。在众多的传言中无法断定哪种传言是真实的,光大证券没有进行信息披露才有这么多传言存在。

[11:32:54]

[审判长]:关于信息何时公开问题,各方当事人是否还有补充?

[原告]:没有。

[被告]:上市公司信息不能由媒体任凭揣测公布。

[11:33:29]

[审判长]:下面针对第二个焦点问题进行审查。原告在行政程序中是否就交易行为是针对既定计划实施的,是否向被告提出了申辩意见?

[原告]:光大证券提出了。

[审判长]:申辩的主要观点是什么?

[原告]:光大证券下午是按照策略投资部的计划和安排实施的,按照光大证券自营业务中为了防范交易风险的策略实施的。上午在A股市场发生了72亿元的交易,故需要在其他市场和产品交易当中进行操作,以对冲上午买入行为所产生的风险。

[11:37:04]

[审判长]:被告对于该问题是否进行了审查?

[被告]:审查了,审查结论是原告提出的策略不能对抗法律法规。原告的行为是一种内幕交易行为,中性策略是一种交易策略,而任何交易策略都不能违反法律法规的规定,不能对抗法律强制性规定。

[11:38:38]

[审判员]:被告,基于既定计划形成交易是否成为内幕交易行为?基于原告所称交易行为能否认定为按照既定计划所实施的交易行为?本案中的最终行为是否基于原告的中性策略所形成?

[被告]:关于按照既定书面合同、计划进行的交易由最高人民法院、最高人民检察院内幕交易司法解释规定,司法解释适用内幕交易的刑事犯罪,被告在执法中参考司法解释。即使适用司法解释

规定，光大证券当日行为不符合规定豁免情形。按照《证券法》和《期货交易管理条例》没有规定豁免事由。

[原告]：基于既定计划、合同所从事的交易行为，不应该按照内幕交易对待，也不是内幕交易。内幕交易是一种证券违法行为，知情人或者交易当事人利用内幕信息的优势，在市场上实施一种不公平交易，主观动机是恶意的，有实施违法行为的主观故意，内幕信息发生后当事人实施该行为时，根据内幕信息本身的特点进行市场上的多种选择。按照既定的计划、合同是公司经营常态，计划、合同指令是公司基于自身安排作出有组织、有计划的安排，公司的合同或指令只要是合法有效的，基于合同指令实施的相关民事行为也就是合法有效的。

[11:42:40]

[审判员]：本案情况假设认定构成了既定计划，是否影响构成内幕交易判断？

[被告]：认定是否构成内幕交易是严格依照《证券法》和《期货交易管理条例》规定进行的，审查时认定行政责任，不要求达到刑事责任的认定标准。保障当事人合法权益主动将是否有刑事方面的豁免权纳入了保护范围。

[审判长]：原告还有补充吗？

[原告]：证券交易本身是民事交易。

[被告]：任何民事合同不能约定违法情形。

[11:45:16]

[审判员]：基于原告所称的策略交易，能否构成基于既定计划实施的交易行为？

[被告]：光大证券的相关行为不是按照事先订立的书面合同指令计划从事期货交易的情形，光大证券下午的交易并不是按照书面合同进行的。原告提供的光大证券策略投资部管理规定是一般规定，不属于按照事先订立的书面合同指令计划进行的情形。

[11:46:23]

[审判长]：按照原告所称的市场中性策略行为，能否认定为按照既定计划实施的交易行为？

[被告]:任何交易策略不能对抗法律强制规定,如果执行中性策略时违反法律规定也是构成内幕交易。

[原告]:光大证券实施的市场中性策略投资,是符合现行法律规定的一种投资模型,没有任何法律法规禁止证券投资者采取市场中性策略性的投资交易方式。在现行的证券市场体制下,在市场交易中光大证券无论是主动或被动地产生了单边投资,都要尽快完成对冲,在中性策略交易下完整交易包括了做多、做空两个方向的交易,与市场信息变化无关,不应当以内幕信息定义。8 月 16 日因为错单交易发生交易,按照中性投资策略应当进行弥补。关于这种交易模式不是因为发生了 8 月 16 日的错单交易才有的,而是光大证券策略投资部在业务规范中已界定的。

[被告]:策略模型没有异议。

[原告]:中性市场交易策略本身不存在对现行法律法规的违反,按照交易策略实施符合既定交易安排,违反现行法律法规的话在中国市场是不会存在的。

[11:50:11]

[审判长]:原告所称的市场中性策略本身是否具有违法性?

[被告]:中性策略是策略交易中的一种,无法判断交易策略是否合法。

[11:51:06]

[审判长]:光大证券实施对冲行为是否是中性策略行为?被告明确光大证券内幕信息行为是什么行为?

[被告]:光大证券 13 时至 14 时 22 分卖出股指期货合约以及 ETF。

[原告]:发生 43.8 亿做空股指期货交易是因为光大证券上午错单发生了买入 72 亿元的行为,证券公司为了回避风险在股票市场做多的同时,在股指期货市场建立空头以对冲风险,无论股票市场指数上升、下降,都不影响光大公司的经营风险,这种机制是光大证券作为机构投资者的制度安排。光大公司的证券管理办法规定,只要出现了多头就要进行空头以对冲。8 月 16 日由于系统故障导致光大证券在不应该买入 72 亿元的情况下买入了 72 亿元,所以下

午进行了做空，上午做多与下午的做空金额是同样的。光大证券在下午构建了空头股指期货合约，并没有实施交割，是为了保证43.8亿元多头弥补72亿元的空头。

[原告]：对冲行为在光大证券内部大家都是知道的，我在2012年11月份在公司管理层进行过讲解。

[11：54：46]

[审判长]：被告还有补充吗？

[被告]：光大证券上午的事件是突发事件，不是光大证券事先安排好的，被告不禁止光大证券正常中性策略投资，光大证券没有进行信息披露反而进行交易，不是执行中性策略。

[原告]：8月16日上午错单交易是突发事件，光大证券预案已经考虑到系统故障等交易异常，故在光大证券制度安排中决定了部门按照制度安排实施。无论市场发生了什么样的事件，是主动还是被动，制度安排比计划更加有效，所以是按照既定计划实施。当天行为是套保行为，该行为以控制风险不确定性为目的。

[被告]：根据策略投资部业务管理制度，遵循风险可控可承受原则，只是一个部门管理规范，适用原则在总则中写得很明确，是为了规范策略投资部的管理。实际上光大证券上午因为突发事件导致成交72亿元，超过了光大证券的经营资本，不是可控可承受风险。按照业务部管理制度，光大证券当日使用额度是1亿元，超出了业务管理制度所规定的限额，因此在用远远超出规定限额的金额进行交易的情况下，原告仍认为光大证券实施的是管理制度认可的中性策略投资是不妥的。

[11：58：50]

[审判长]：原告还有补充吗？

[原告]：发生意外事件不是光大证券希望的，在证券交易中已经发生了风险，不是主观故意所为，故按照既定制度回避或者消除风险，这是光大证券和原告对于市场负责、交易负责作出的既定安排。为什么要把发生意外风险后当事人主动抑制风险的行为作为违法行为呢？现行法律不可能禁止一个企业最大限度地尽力消除经营风险，如果企业消除经营风险被认定为违法行为的话，中国就

不会有市场经济。

[被告]:对方不能混淆市场经济作用,市场经济作用不是市场行为听之任之,不是对违法行为放任自流。法律没有禁止企业采用风险行为自救,被告认为原告合法避险的方式是将上午突发事件发生的具体原因在告知公众后,让社会以及本人都处于平等信息知情地位后再进行操作。但两案中,原告恰恰相反,利用只有他自己知道信息的优势,在下午进行其所称的紧急避险行为。

[12:02:20]

[审判长]:原告还有补充吗?

[原告]:光大证券按照制度安排采取了相应避险措施,光大证券将发生72亿元巨额买入信息作为内幕信息进行披露,这种义务的法律依据是什么?如果光大证券下午不停盘继续交易股票才是内幕交易,现在光大证券应该停牌,股票已经停止交易,只是在期货市场上做空,该信息不是《证券法》规定的内幕信息。如果交易信息是内幕信息,会在中国市场上出现滑稽局面,即每一个机构投资者或者大额投资者在用巨额资金购入股票时,如果该股票涨停或者跌停,都要考虑是否产生了内幕信息,是否由于购买股票行为发生股票价格异动,是否需要公告、揭露。任何交易者没有义务向交易对手、交易公司披露信息。被告要求原告将自己的交易信息进行披露后再对冲风险,这种制度没有法律依据。

[被告]:光大证券是上市公众公司。

[12:04:42]

[审判长]:对冲行为按照哪个既定策略实施的?

[原告]:依据的是光大证券管理制度。该制度2013年进行了修订,对于中性策略交易及对冲交易办法进行了规定。

[审判长]:针对本次交易行为、对冲行为是否有预定计划?

[原告]:具体计划是按照制度实施的,8月16日下午的对冲行为是在中午的高层管理会议上决定的,管理制度是操作流程。需要对冲办法是明确的,实行对冲的机构、人员是明确的。

[12:06:58]

[审判长]:原告主张按照既定计划在法律上不应当被认定为内

幕交易，被告认为不属于既定策略？

[被告]：现有规定在内幕交易司法解释中有规定，行政机关不是适用司法解释，只是参考。根据策略投资部规定，上午流动性策略是 1 亿元，事实额度是 8 000 万元，不适用该规定。

[12:09:53]

[审判长]：原告对两被诉决定对其在涉案交易过程中发挥的作用是否认可？

[原告]：不认可。原告认为自己不是下午行为的决策人员，到现在为止原告也不认为下午实行对冲行为违法，原告认为不是直接责任人员是针对被告作出的决定书上的观点。一、执行公司既定交易安排，是执行公司工作制度，是一种岗位职责所决定的工作任务，不是原告本人的独创，也不是原告本人发明。在被告提交的证据中，有的工作人员明确表示在对冲交易中下单，交易员有很大的权利，策略投资部门只要按照制度实施，这是公司预先安排的。二、原告在 8 月 16 日下午负责对冲交易也是根据公司管理层决定实施的，被告已经宣读了会议纪要，该纪要是 8 月 16 日中午作出的，在参会人员当中原告并非光大证券公司高管，也不是决策层人员，只是投资部的部门经理，原告负有执行公司管理层决定的当然义务，这也是现代企业对于员工必须拥有自觉性、执行性企业文化的要求。如果原告不执行本单位的工作制度，也不执行本公司管理层的管理决定，不仅有悖于公司内部管理，也有悖于职业人员的职业操守。如果有人需要对错单交易负责的话，负责人不是原告。

[被告]：根据原告交易笔录以及交易情况说明、光大证券会议纪要，当时参加会议的四个人员均证明原告不仅参与了决策会议，下午交易是由原告提议的并且由其具体负责执行。光大证券上午突发事件发生在策略投资部，原告在光大证券整天事件中是核心人物，原告在下午决策会议和内幕交易中发挥了不同作用，认定法定代表人总裁是直接负责人而原告是其他直接责任人员。

[原告]：当时，我已经尽到了作为公司员工应尽的义务。任何机构、单位决策层会议形成决定不能因为参会人员的多少而将所有参会人员纳入决策层范围内，原告参加了会议不意味着他是光大证

券下午的决策人员，尽管光大证券法定代表人等人认为下午行为是原告建议，这一点并不奇怪，因为8月16日的意外事件发生在原告部门，只能按照公司对于该部门的工作制度提出相关处理办法，这只能说明原告是忠于职守的，不能说原告对公司作出了决定。

[12:15:16]

[审判长]:被告还有补充吗?

[被告]:原告在光大证券内幕交易过程中发挥了较大作用。

[原告]:8月16日原告执行决定，在此过程中原告没有个人决断，原告不应当为公司决断负责任。

[12:15:53]

[审判长]:原告对于被告认定违法所得有异议。被告陈述意见。

[被告]:根据《证券法》规定，被告计算光大证券8月16日非法获利，光大证券有一部分已经交割完成。

[原告]:当天同时在做交易的还有其他策略，如果有交割行为是完全有可能的，确实有期货交割，这是为了严格按照72亿元进行对冲，以为对冲多了所以平调了一部分。

[12:18:16]

[审判长]:被告提到的有一部分平仓是否作为认定违法所得依据?

[被告]:平仓按照实际获利计算，未平仓的按照实际交易价格计算。

[原告]:光大证券确认收入是基本原则，要求收入是可计算或者确定的，如果收入虽然在账面构成收益，但是收益不确定时候，该收益不能确认。当日下午卖出了部分期货合约，在股指期货上涨情况下，保证上午与下午72亿元总体上平衡，光大证券下午对冲交易的目的不是为了获取利润，而是平衡当日交易风险。

[12:22:00]

[审判长]:被告是否考虑对冲与交易行为之间的关系?

[被告]:股指期货是下午进行开仓或平仓，不是源于上午的事件。

［审判长］：原告提到，对于违法所得如何计算，原告有异议，被告依据账面计算违法所得，是否事先公开了计算依据？

［被告］：没有。

［12：23：18］

［审判长］：在实际执行过程中按照当日收盘已经完成交割的计算实际违法所得，没有交割的按照账面计算？

［被告］：是的。

［审判长］：是否有依据？

［被告］：对于证券市场涵盖股票期货资金计算方法复杂，在计算光大证券案件中采用账面计算方式是朝着有利于当事人的方式进行的。我会没有采用14时22分非法行为结束点作为账面计算标准，而是收盘之前账面平均数进行计算，如果同时计算了到8月23日交割价格作为标准的话更不利于当事人。

［原告］：证监会无论如何计算，都违反了会计准则。

［被告］：证监会确定违法所得不是为企业确定收入。

［12：27：23］

［审判员］：鉴于违法所得计算是原告在当庭中提出的理由，请原告进一步明确不同方式计算违法所得对于被诉处罚决定和市场禁入决定的认定的影响。

［原告］：违法所得的计算与原告本人罚款金额高低没有必然联系。原告之所以提出该问题，并不是说被告不可以考察原告是否获利，而是需要指出被告作出被诉处罚决定和市场禁入决定时，连光大证券当日是否盈利这一常识性问题都没有搞清楚，我们有理由质疑被告对于中性策略投资行为是否清楚了。通过该事实证明光大证券没有因为期货盈利，公司在清仓时亏损了400万元，如果为了获取利益那为何要建立亏损400万元商业模型呢？之所以这么做，是因为发生了72亿元的多头，不是为了获取某种利益。

［被告］：首先确定了光大证券单位违法行为，确认原告是直接负责人，在非法盈利变化不大的情况下，不会有影响。

［12：30：19］

［审判长］：原告对于事实问题还有异议吗？

[原告]:补充说明,原告提交了多份证据,原告提交证人证言的目的是说明被告及其下属机构,包括上海证交所在内,在8月16日都了解了光大证券实行对冲交易的事实过程,见证了事实过程。在见证过程中所有监管机构人员以及电话与原告联系工作人员,均未指出下午的行为为内幕交易行为,甚至没有说过这样的交易行为会涉嫌内幕交易,为什么行政监管机关和机构人员不制止光大证券的行为反而指导此行为呢?因为当时他们也是认真负责的,不知道对8月16日发生的事情如何定性。

[被告]:不认可原告陈述。根据原告当日询问笔录,大约13时30分左右原告没有汇报8月16日异常交易全部情况。

[原告]:被告提到了对原告的调查笔录,张宏在14时22分前与原告有多次通话,但是在被告的证据中没有体现,所以对于张宏笔录的证据不予认可。被告工作人员对于业务不理解。

[被告]:被告刚才说的是原告本人询问笔录,该笔录证明原告没有向监管部门报告事故发生原因。

[12:32:35]

[审判长]:原告对于被诉行为的合法性是否有其他争议?

[原告]:没有。

[审判长]:被告还有补充吗?

[被告]:没有。

[12:33:26]

[审判长]:双方当事人归纳诉辩主张,集中发表一轮辩论意见。

[12:41:41]

[原告]:基于今天的庭审、证据,我方提出如下意见。在提出意见前需要确认被告认定光大证券构成内幕交易的主要事实有两点:光大证券于8月16日上午在交易中产生了内幕交易,光大证券是内幕信息主体,该信息内容是“光大证券进行交易时,因程序错误其所使用的策略交易系统以巨额资金申购180ETF成分股,实际成交72亿元”,当日14时22分光大证券在错单信息披露前即进行了对冲操作,被告认为光大证券利用其在市场中产生的尚未公开的信息在证券市场、股指期货市场进行交易构成内幕信息,由此被告对光大证

券公司及原告等人作出行政处罚、市场禁入决定。被告对于光大证券对冲交易行为定性和处罚是错误、违法的，在庭审质证中我方就本案相关问题进行了全面阐述。

[12:48:48]

[原告]:原告代理人从法律适用、行政职权、责任认定、事实认定等方面说明被告行政处罚决定、市场禁入决定非法错误。一、光大证券对冲行为不构成内幕交易，现行《证券法》第七十三、七十六条对内幕交易进行了规定，在该法律规定中，所谓的内幕交易是指知情人利用特定上市公司尚未公开的重大信息，交易该上市公司证券的行为。内幕交易的特点是:第一，特定上市公司设置了该公司基本信息，该内幕信息与特定上市公司基本价值相关联，如果没有关联不足以成为内幕信息;第二，内幕信息具有重大性，一经出台对特定上市公司的股票价格产生影响;第三，该信息处于未公开状态;第四，该特定信息知情人利用了该信息，交易了该股票。在满足这四个条件下才能成为内幕交易，缺一不可。在认定内幕交易时需要关注内幕交易的重大性和非公开性，要公开内幕信息和上市公司的关联性，同时还需要关注内幕信息所涉及的公司与交易所指向的公司的统一性和一致性。被告在对本案错单交易认定时割裂了现行法律对内幕信息的定性。光大证券是上市公司，也是机构投资者，上午发生 72 亿元错单交易后公司的资金链吃紧，在这种情况下上市公司的运营出现了重大危机，光大公司应当立即向证券市场进行披露，8 月 16 日下午光大证券停牌并进行公告，光大证券股票不可能发生交易，光大证券也已经履行了披露义务，故光大证券不可能发生内幕交易。光大证券是机构投资者，按照对冲风险的需要，光大证券做空了股指期货，这个信息行为与股指期货本身没有关系。内幕信息要求主体证券被交易指向公司一致性，但这在光大证券 8 月 16 日下午的交易中无从体现，在此情况下，被告认定光大证券下午对冲交易构成内幕交易不符合法律规定的模型。被告反复讲先有《证券法》后有股指期货，原告认可，因为中国市场是不断发展成熟的过程，在该市场成熟过程中，无论监管机关还是交易各方，都要严格按照现行法律关于证券交易和上市的规定行事，而不是监管机

关认为现在证券市场出现了什么情况就有权利采取什么样的措施，这就是李克强总理强调的政府与市场的关系是什么，对行政机关而言没有授权就不可为，对于老百姓而言就是法无禁止就可行。

[12:55:03]

[原告]:光大证券错单交易行为不属于内幕信息，我方将通过对《证券法》基本理念说明被告将交易信息作为内幕信息定性错误。现行《证券法》包括被告一直鼓励价值投资理念，而不是鼓励投机。这是中国市场，是健康市场。这种理念也是现行《证券法》在相关制度安排中明确规定的，现行《证券法》对于证券发行致力于上市公司价值，力求让投资人在公平开放的环境下进行市场投资。从《证券法》第七十三条规定的知情人、第七十五条规定的内幕信息可见，《证券法》对于信息披露制度及内幕交易诫勉制度是以上市公司自身运行和价值为基础，以上市公司基本信息为内容，例如公司收购、重组等。利用内幕信息指的是这样的信息而不是内幕交易信息，交易信息不是上市公司本身的信息，而是买卖双方在市场中形成的价格符号，与上市公司基本信息毫无关系。被告将光大证券交易信息界定为内幕信息，有悖于《证券法》基本原则和原理。从事件角度看，如果交易信息成为内幕信息，按照被告处罚光大证券的情形，中国市场无从发展、运行。如果交易信息有可能成为重大信息、内幕信息，证券市场上的投资人、交易人因为股票巨额波动都会有公告披露义务，这在中国市场实际上是不可能实现的。由此，可以证明被告将光大证券72亿元交易信息认定为内幕信息，并将对冲行为认定为内幕交易是没有法律基础的，也是有悖法律规定的。

[12:59:51]

[原告]:内幕信息是内幕交易的前提，如果一个前提已经处于公开状态，则内幕交易无从谈起。被告通过文章已经确定了标准，信息公开方式是三种，本案不应当适用被告援引的《上市公司信息披露管理办法》，如果适用也可以，光大证券也已经做到了，但作为机构投资者的光大证券不适用《上市公司信息披露管理办法》。关于信息披露标准，被告在法庭上确认光大证券下午发布微博公告处于公开状态，如果公告内容可以满足被告要求，可以作为内幕信息

公开标准的话，可以以此为标准判断错单交易信息是否属于公开状态，经过我们对各网站查询，这在质证过程中也已经向法庭展示了，国内主流媒体对光大证券内幕信息进行了披露，披露内容符合新闻五个要素的要求，包括时间、地点、原因、主体、结果都进行了充分的展示。信息披露是披露事件发生的时间、地点、金额，看了网站的报道金额是准确的，乌龙指对事件的描述也是正确的，主体是光大证券也是正确的，地点也是正确的，当日中午的披露信息都是正确的。网络报道了以后，还有其他各种各样的猜测，这是其他人的猜测，并非光大证券可以左右。尽管当日有各种各样的猜疑，但该猜疑不能否定光大证券错单交易的事实已经被社会所知晓。

[13:02:38]

[原告]:光大证券并未利用错单信息进行交易，内幕信息可利用性在光大证券公司无从展现。下午的投资行为是中性策略活动，在有了股指期货市场后，中国原来的单边市场已经有了健康发展，有了股指期货市场、股票市场，投资者有了自己锁定风险的交易机制，做空意味着可以套保，光大证券运用了做空有效平衡的市场机制对在8月16日发生的风险及时进行了锁定，这是上市公司进行的避险行为。对冲模式在光大证券策略交易中有明确规定，将这种按照既定制度、计划所实施的交易行为视为一种合法交易行为，因此不能作为非法内幕交易行为对待。

[13:04:56]

[原告]:作为光大证券员工的原告，是作为策略部的部门负责人按照公司要求紧急安排对冲风险措施，并向公司高管报告应对风险的处理办法。原告是一个称职员工，被告将光大证券并未进行的错单交易，将原告履行职责的行为认定为违法行为，并将原告作为责任主体予以追究，不符合行政处罚归责原则。行政处罚行为需要针对非法行为，相当一部分违法行为，其违法主体必须有主观过错，原告主观过错在哪里？内幕交易操纵是以当事人主观过错为前提的违法行为，光大证券的主观过错在哪里？从光大证券有书面制度化交易安排、有客观对冲交易风险具体实践、有当事人从未获利的客观事实，可见，被告非要将一个正常的交易行为描绘成一个具有

主观过错的内幕交易行为，显然是令人难以理解的。原告本人没有过错也不是本案行政处罚的适格对象。

[13:08:17]

[原告]：两案中，被告适用法律错误、认定事实错误、责任归咎错误。为什么被告会发生这样的问题，这个问题也是导致被告行政行为错误的很重要的原因。被告滥用职权、超越职权。被告行政行为没有法律依据，被告在庭审中陈述的法律依据是《证券法》第七十五条二款（八）项的兜底条款，而认定原告构成内幕交易。被告说在市场发展中法律不可能将所有事项包括进去，但我方认为任何自由裁量权的行使必须在合法性的前提下，遵循合法原则，一旦构成对立法原意的补充修改，解释权在立法机关而不是被告。因此，如果说有必要随着证券市场发展将错单交易行为、交易行为纳入内幕信息范围中去，以有利于中国证券市场发展的话，该决定权不在被告而是在全国人民代表大会。被告可以提出该建议要求全国人民代表大会修改法律，事实上《证券法》修改也已经提上了议程。但按照现行行政处罚法律法规规定的行政处罚实行公开原则和法定原则，在法律没有规定的情况下，没有法定依据作出的行政处罚属于无效，作出规定未经公布不得作为行政处罚的依据。本案中，如果被告有权进行认定的话，应当通过自己发布的规范性文件将所认定的事项事先昭告天下，这才符合行政处罚规定的公开性原则，因为授权条款只解决了被告职权的来源问题，并没有解决认定标准问题。行政处罚是针对公民权利义务作出的，限制了公民权利，被告应当将认定某种行为为内幕交易、该行为的行为模式及当事人在此行为模式下享有的权利和承担的义务制定文件予以公开，这才符合《行政处罚法》规定的行政处罚公开原则。

[13:18:34]

[原告]：综上所述，被告无论从任何一个方面针对光大证券内幕交易、对冲交易作出的处罚决定及市场禁入决定不能成立、两被诉决定违法，请求法院依法撤销被告针对本案原告作出的行政处罚决定以及市场禁入决定。

[13:20:09]

[审判长]：被告发表辩论意见。

［被告］：被告根据《证券法》第七十五条和《期货交易管理条例》第八十二条第十一项进行认定内幕交易。既然原告提出对法律进行解释是全国人民代表大会的权利，可见原告也没有立法解释权。法律规定被告有权对证券交易价格有明显影响的信息进行认定，本案中，被告也严格按照法律规定进行认定。《行政处罚法》规定，行政机关作出行政处罚法律依据需要公开，被告依据《证券法》和《期货交易管理条例》，已经处于公开状态不存在不公开问题。关于相关信息是否于8月16日下午1点之前公开，1点之前出现了多种传言，原告代理人将一种传言定义为信息披露，为何就能认为光大乌龙指是信息公开披露而其他的是信息揣测？《证券法》已经规定上市公司必须及时进行信息披露，是维护市场秩序的当然要求，上市公司的信息不能由媒体的揣测进行代替。关于中性策略，对于光大证券下午进行的交易行为，并不是在执行一个具体的书面合同、指令和计划，书面合同、指令和计划是有具体内容的，而不是光大证券投资部一般的管理规定。原告在光大证券整个事件中，无论是上午的突发事件还是下午进行的相关交易都发挥了至关重要的作用，原告在这个过程中是专家，是行业领先人物，光大证券也是作为专业性机构而非一般投资者，对自己的行为后果也应有更加清醒的认识。2013年8月16日上午在异常交易发生后，光大证券在只有自己掌握信息的情况下进行对冲操作，违法所得达到了8 700多万元，情节十分恶劣，原告具体实施了下午的交易行为，发挥了重要作用，理应承担相应法律责任。原告提出行政处罚要严格依据法律进行，被告的两被诉决定恰是依据该原则作出的。综上，我方请求法院驳回原告诉讼请求。

［13：25：34］

［审判员］：双方当事人的辩论意见在法庭调查部分已经陈述过了。原告所称下午对冲交易是既定中性策略，是与上午突发事件有关系吗？

［原告］：下午的做空和上午72亿元的突发事件组合在一起是中性策略。

［13：26：38］

［审判长］：法庭调查和法庭辩论结束，下面进行最后陈述。

[原告]:坚持起诉意见。

[被告]:坚持答辩意见。

[13:27:05]

[审判长]:合议庭将对本案进行评议,庭审笔录休庭后由各方当事人查阅并签字,现在休庭(敲法槌)。

[书记员]:全体起立。请审判长、审判员退庭。

思考题

1. 结合案情,请思考原告律师应当如何提出适当的诉讼请求?

2. 结合案情,请思考原告律师是如何针对被告行政行为的合法性进行辩论的?

3. 结合案情,请思考当事人、代理人是如何围绕案件的焦点问题展开辩论的?

参考文献

［1］林莉红．行政诉讼法学．武汉：武汉大学出版社，2001．

［2］江国华．中国行政法．武汉：武汉大学出版社，2012．

［3］姜明安．行政法与行政诉讼法．北京：北京大学出版社，2011．

［4］江必新，梁凤云．行政诉讼法理论与实务（上下卷·2版）．北京：北京大学出版社，2011．

［5］叶必丰．行政法学．武汉：武汉大学出版社，2006．

［6］叶必丰．行政法与行政诉讼法．武汉：武汉大学出版社，2008．

［7］应松年．行政法与行政诉讼法．北京：法律出版社，2009．

［8］罗豪才，湛中乐．行政法学．北京：北京大学出版社，2006．

［9］胡建淼．行政法学．北京：法律出版社，2010．

［10］胡建淼．行政法学．北京：法律出版社，2003．

［11］胡建淼，江利红．行政法学．北京：中国人民大学出版社，2010．

［12］周佑勇．行政法学．武汉：武汉大学出版社，2009．

［13］张树义．行政法学．北京：法律出版社，2000．

［14］张正钊．行政法与行政诉讼法．北京：中国人民大学出版社，2007．

［15］方世荣．行政法与行政诉讼法．北京：中国政法大学出版社，1999．

［16］方世荣．行政法与行政诉讼法．北京：人民法院出版社、中国人民公安大学出版社，2003．

［17］方世荣，石佑启．行政法与行政诉讼法．北京：北京大学出版社，2005．

［18］李牧．中国行政法学总论．北京：中国方正出版社，2006．

［19］张焕光，胡建淼．行政法学原理．北京：劳动人民出版社，1989．

［20］陈新民．行政法总论．北京：三民书局，1997．

［21］皮纯协．比较行政程序法．北京：中国人民公安大学出版社，2000．

［22］杨解君．行政法与行政诉讼法（上）．北京：清华大学出版社，2009．

［23］杨海坤．中国行政法基础理论．北京：中国人事出版社，2000．

［24］王连昌．行政法学．北京：中国政法大学出版社，1994．

［25］王连昌．行政法学．北京：中国政法大学出版社，2007．

［26］于绍元，李学宽．实用行政诉讼法学．北京：群众出版社，1991．

［27］王珉灿．行政法概要．北京：法律出版社，1983．

[28] 魏塞娟.行政法与行政诉讼法.广州:中山大学出版社,1996.
[29] 朱苏力,金伟峰,唐明良.行政法学.北京:清华大学出版社,2005.
[30] 王周户.行政法.北京:法律出版社,2007.